図でみる観光

交通新聞社

"はじめに" 観光の図解にあたって

　「観光」にかかわり始めて数十年が経過した今、過去を振り返ると、そこにいくつかの反省がある。そのひとつは私自身かなりの間、「観光」の真の意味を理解しないまま過ごしてきたことである。ただの余暇の過ごし方(遊び)にすぎないと思っていたり、用務ではない「旅行」のことで、鉄道の大きい収入源だという程度の認識だった。その後、学校で「観光」を講義することになったり、観光団体の役職に就けていただいたりしたので種々の本を読んだり、業界の先輩のご指導を受けてようやく「観光」はただの旅行や遊びではなく、人間の本能に根ざす文化・経済行動であることがわかるまでにかなりの時間がかかった。

　平成17年に愛知万博が開かれた時、地元の経済団体、観光団体が自治体とともに「観光」、特に地域の特色を活かした「産業観光」キャンペーンを進めることになった。そのため推進委員会を結成、ここに財界の人々にも参加してもらって観光を勧めようとした際、たまたまその担当者となった。その時、一部の有力者の方々から「今忙しい、観光で遊ぶ暇はない」とか「この経済団体は観光なんかをやる構造にはできていない」とまで言われ、門前払いを食って、悔しい思いをしたことがある。「ものづくりを一生懸命やっているのに観光などやる必要はない」とも言われた。このような方々には少し前の私のように観光の真意が理解されていないことを痛感した。

　そこで私は、観光のことを正しく知ってもらうことの必要性、緊急性を感じ、いくつかの本も書いてみた。しかし、なかなかうまく表現できないし、その本は全く売れない本となった。そもそも当時は観光など勉強する対象ではないと思われていたのだろう。

簡単に、わかりやすく説明するにはどうしたらいいかをいろいろ考えているうち、観光のように複雑な要素がからんでいるもの、また施策主体が多岐にわたりバラバラに進められてきたものの実態を理解するには図解で説明をするのが効果的と考えるようになった。ゲームや遊びの説明が往々にして図解で子供たちにもわかりやすく説明しているのを思い出したのである。「観光はただの遊びではない」と説明するのだが、「遊び」を逆手にとって、その説明方法を導入した。学校の講義で試行したらわかりやすいと好評だった。特にこれまで図解して説明していなかった施策内容とか、観光の役割などもすべて図解で説明してみた(漫画でやってはという人もいたが、私にはその能力はなかった)。図解で施策の進め方、他の施策との関連がよく理解できたとか、観光の構成要素の複雑な結びつきや、観光の意味が理解できたとかの声もあった。

　本書は、そのような経験から徹底した図解による「観光の説明書」としたつもりである。

　観光の真の意味、その役割を正しく理解していただきたい一心で、あえて図解という困難な手法に訴えたのはこのような経緯からである。この手法について読者諸賢のご高見を拝聴したく、また図解の不備を皆様方のご研究の成果で補っていただければ、私にとって望外の喜びである。

平成30年3月

須田　　寛

本書の構成について

　本書は「観光」についての理解を得るとともに、観光が国策として、国民運動として国をあげて推進されようとしている現状にかんがみ、観光の現状と国、観光団体、経済団体等の観光施策の解説を試みたものである。そして、その手法として「図解」に重点をおくこととした。2ページごとに右側に「図」を掲げ、左側にその説明を併記しているのがそれである。

　説明順序と概要については、「Ⅰ　観光とは"何か"」で観光の意味・役割を、「Ⅱ　観光の"あゆみ"」でこれまでの観光の経緯をなぞったうえ、現在の観光施策のベースとなった国の「観光立国推進戦略会議」(平成16年)、また参考資料として観光をまちづくりの視点から捉えた、日本商工会議所初の「観光提言」(平成15年)を図解している。

　「Ⅲ　観光の"かたち"」では観光(行動)の分析を試みた。そして、その要素と考えられる観光者(客)、観光対象(資源)、観光基盤について、その内容と要素ごとの図解を行い、観光(行動)の分析、検証を試みた。各要素についてそれを構成する内容の図解も行い、その現状と課題にもふれたので、本書の中心となる記述となった。筆者は観光資源について、対象への働きかけによって観光者(客)が一定の効果を得たものがその客にとって観光資源となると考えているが、本書では観光の効果を多くの人が得ると考えられる対象については世上一般の表現に従って「観光資源」と記述して概念の混乱を避けた。観光者を観光客と記述しているのも同様の考え方にもとづくものである。

　今後、持続的観光が推進されるためには在来型の観光から脱皮

して現代のニーズに合う、また観光をとりまく環境にふさわしい観光に脱皮していく必要がある。

「Ⅳ　観光のリニューアル－"新しい観光"－」ではそのための提案を筆者の私見も交えて説明した。すなわち、観光、特にリピーターが増加する今後の観光のためには資源の開発、みがきあげのみならず、観光資源への視点・手法を変えてのぞむ必要があると考えているので、代表例としてテーマ別観光(産業観光、街道観光、都市観光)の展開に重点をおいて説明した。

「Ⅴ　観光を"つくる"」は観光を事業とし成立させるための具体的手法を一般論として概説した。

これらのうえに立って「観光立国」を達成するための施策を「Ⅵ　「観光立国」－広域・国際観光を"めざして"－」で説明している。重点は広域観光、国際観光の推進であり、そのための手法として国も提唱しているDMOなどの体制づくりについても言及した。

終章の「Ⅶ　"これから"の観光」では観光の高度化、国民観光(運動)の推進が目標と考えたので、その方向を述べ、むずびに代えた。

このような記述順序をとることによって観光行動の進展にあわせて、いわばダイナミックに観光の方向付けを行いたいと考えた次第である。

この手法についても読者諸賢のご高見をお聞かせいただければ幸甚である。

なお、図表の出典については、特記以外は筆者が作成したことをお断りしておく。

図でみる観光——目次

"はじめに"観光の図解にあたって
本書の構成について

Ⅰ 「観光」とは"何か"……………………………………13
　Ⅰ-1．観光の語源とその意味　14
　Ⅰ-2．観光施策の展開、その目標　16
　1-3．観光の役割(1)-観光(旅行)消費額から　18
　1-4．観光の役割(2)-人口の推移から　20

Ⅱ　観光の"あゆみ"…………………………………………23
　Ⅱ-1．日本の観光の"あゆみ"　24
　Ⅱ-2．観光立国推進戦略会議報告(平成16年)　26
　Ⅱ-3．地域における「ニューツーリズム」展開に関する
　　　　提言(日本商工会議所、平成16年)　28

Ⅲ　観光の"かたち"(構造)　………………………………35
　Ⅲ-1．観光の構成要素と相互関係　36
　Ⅲ-2．観光客(観光者)　38
　Ⅲ-3．観光(支援)基盤　40
　　Ⅲ-3-1．観光基盤(交通)-交通機関別の状況　42
　　Ⅲ-3-2．観光基盤(交通)-航空　44
　　Ⅲ-3-3．観光基盤(交通)-道路(自動車、バス)　46
　　Ⅲ-3-4．観光基盤(交通)-鉄道　48
　　Ⅲ-3-5．観光基盤(交通)-海運　52
　　Ⅲ-3-6．観光基盤-宿泊施設　54
　　Ⅲ-3-7．観光基盤-観光産業(経済規模)　58
　　Ⅲ-3-8．観光基盤-観光産業(労働生産性)　60

Ⅲ－3－9．観光基盤－観光情報(種類と体系) 62
　　Ⅲ－3－10．観光基盤－観光情報(情報(源)の変化) 64
　　Ⅲ－3－11．観光基盤－観光法制 66
　Ⅲ－4．観光資源(観光対象) 68
　Ⅲ－5．観光資源の体系 70

Ⅳ　観光のリニューアルへ－"新しい観光"－……………73
　Ⅳ－1．観光リニューアル"新しい観光"の動機(1)
　　　　　－観光のかたちが変わる 74
　Ⅳ－2．観光リニューアル"新しい観光"の動機(2)
　　　　　－修学旅行のかたちも変わる 76
　Ⅳ－3．観光リニューアル"新しい観光"の動機(3)
　　　　　－外国人客のニーズも変わる 78
　Ⅳ－4．観光リニューアル"新しい観光"の体系 82
　Ⅳ－5．観光リニューアルへ"新しい観光"の展開
　　　　　－ニーズを施策へ－ 84
　Ⅳ－6．(ケーススタディ)"新しい観光"の展開例 86
　　Ⅳ－6－1．テーマ別観光(1)－産業観光 86
　　　　　　［産業観光の観光資源］ 88
　　　　　　［産業観光のビジネスモデル］ 90
　　Ⅳ－6－2．テーマ別観光(2)－街道観光 96
　　　　　　［街道観光の観光資源］ 98
　　Ⅳ－6－3．テーマ別観光(3)－都市観光 104
　　　　　　［都市観光の観光資源］ 106
　Ⅳ－7．行動型「ニューツーリズム」 112
　Ⅳ－8．地域における"新しい観光"の推進体制づくり

Ⅴ 観光を"つくる" ………………………………… 119
　Ⅴ－1．観光需要予測の手法　122
　Ⅴ－2．観光効果予測　124
　Ⅴ－3．観光をつくる組織　128
　Ⅴ－4．着地主導の受入体制づくり（着地型観光）　130

Ⅵ 「観光立国」－広域・国際観光を"めざして"－…… 137
　Ⅵ－1．明日の日本を支える観光ビジョン（国の観光施策）
　　　　　138
　Ⅵ－2．広域観光はなぜ必要か(1)－ブロック間の流動状況から　140
　Ⅵ－3．広域観光はなぜ必要か(2)－周回比率から　142
　Ⅵ－4．広域観光実現のために(1)－観光トライアングル構築　144
　Ⅵ－5．広域観光実現のために(2)－広域観光ルートの形成　146
　Ⅵ－6．国際観光実現のために(1)－外国人旅行者の訪日促進　148
　Ⅵ－7．国際観光実現のために(2)－国際競争力強化へ
　　　　　150
　Ⅵ－8．広域観光・国際観光実現のために－国際競争力ある観光地づくり　152

Ⅶ "これから"の観光 ………………………………… 158
　Ⅶ－1．「観光ビジョン実現プログラム2017」　160
　Ⅶ－2．「観光ビジョン実現プログラム2018」　162
　Ⅶ－3．「観光立国」実現への隘路打開のために　164

Ⅶ－4．観光まちづくりのために－「観光立地域」 166
Ⅶ－5．観光安全のために 168

むずびにかえて(1)高度総合観光システム 171
むずびにかえて(2)観光国民運動の前進へ 175

［コラム］

新幹線と観光 30／震災復興と「観光」動向 34／観光列車 50／宿泊施設の客室稼働率(大都市圏) 56／外国人観光客の受入への「懸念」を「杞憂」に 80／「産業観光」とまちづくり 92／"大規模"複合観光資源－琵琶湖疏水(大津市、京都市)－ 94／「街道観光」とまちづくり 100／「街道観光」中山道、東海道(岐阜県、愛知県の取組み) 102／「都市観光」とまちづくり 108／観光地の交通渋滞 111／ＤＭＯ(Destination Management/Marketing Organization)－地域観光推進組織－ 116／"きっぷ"がなくなる… 121／観光力の算定(試算) 126／観光バリアフリー 132／観光ルート(路線バス) 134／入国管理方式の見直しとその効果 154／日本人の余暇の現状と対策 156／"観光立国"さらなる前進をめざして 170／

付表
あとがき

I 「観光」とは"何か"

観光の意味と役割

　観光は人間の本能に根ざす営みで、幅広い人的交流を図ることを目指す文化活動、経済活動である。また、その展開の場である観光地は全国各地に幅広く分布しており、地域活性化、地方創生のカギは観光からといっても過言ではない。

　「観光」は中国の「易経」に語源があるが、明治時代までは、その意味は正確に伝わり、また理解されていたと考えられる。しかし、長い戦時体制下にあって当時の軍部（政府）は「観光は不急不要の施策」の烙印を押し、観光の自粛を促した。当時の「時刻表」にもそのような呼びかけ（指示）が明示されている。このため「観光」は非常事態下では展開がはばかれるような状況にあった。戦後になって「観光」が盛んになるにつれて観光への誤解も次第に解消していくが、今なお「生産」とは対極的なものにあるとの認識をもつ人々や、ものづくりに比し次元の低い行動と思っている人々が多いのは大変残念なことである。「観光」の正しい意味と役割を理解することがまさに「観光立国」の出発点である。まず、その"何か"から始めたい。

Ⅰ－1．観光の語源とその意味

　右上は明治4年(1871年)、海外経済・政治情勢視察団(団長・右大臣　岩倉具視)が欧米に出発し約2年にわたる視察を終えて帰国、明治8年政府に提出した報告書を当時の太政官(現内閣に相当)が公刊したものである。標題が「観光」と大書されていることに注目したい。

　「観光」とは中国で約2000年前に著された儒学の古典「易経」にその語源がある。易経には「観国之光利用賓于王」とある。訓読すると「国の光を観るは(観すとも訓する)もって王の賓たるに用いるに利し」となる。即ち、地域の「光」(美しいもの、秀れたもの)を心を込めて学び、かつみること、ないし心を込めて誇りをもってみせる(しめす)ことによって多くの人々を迎え、人的交流を図ることは王(為政者)の務めであると説いているとされる。

　図の「観光」の標題はまさにこの語源の通り海外に行き、その地の秀れたものを心を込めてみ、かつ学んできた報告書であることを示している。また、写真の船は幕末、オランダに発注した洋式軍艦を復元したもので、現在長崎県のハウステンボスにある。幕末に購入した2隻には「咸臨丸」「観光丸」と名付けられていた。この船はその名の通り、明治政府によって海外に赴く日本の留学生や視察団等の渡航に用いたと言われている。

　「観光」の言葉は、その後、戦時体制下で「観光」が自粛・中止を求められたりした経緯もあり、「観光」の一側面のみをみて、ただの「遊び」と誤解されがちになってしまったのである。「観光」は次項に示すようにただの「遊び」ではなく、人的交流を通じての重要な文化活動、経済行動であることを忘れてはならないと思う。

Ⅰ 「観光」とは"何か"

米欧回覧実記より

(出典:岩波文庫、昭和52年より)

観光丸(復元船、©ハウステンボス/J-18124)

Ⅰ－2．観光施策の展開、その目標

「観光」は二つの大きい効果を社会・経済にもたらす。図の中央上(※)が前者、下(◎)が後者への展開を示す。

上を見ると、観光によって人々のふれあい、即ち人的交流が観光目的地等で発生し、そこでは交流人口の増加による地域社会の(再)活性化が実現する。

下を見てみよう。観光による人の動きは観光(目的)地に資金の流れ(経済効果)をもたらす。しかも都市圏だけでなく、それは観光資源のある地域に万遍なく及ぶことになる。この上下両側面で示す二つの効果によって観光によるまちづくりが各地で促進され、それが新しいくにづくりにもつながる。そして、さらにそこからまた新しい観光(需要)が誘発され、観光を一段と発展させることができる。このような動きの循環により地方創生、観光立国が実現していくことになる。まさに地方創生の切り札は観光にあることが明らかである。

しかし、このような効果をもたらすためには観光が量・質ともに充実した「真の観光」にふさわしい行動として展開されなければならない。とくに留意すべきは観光による人的交流(ふれあい)が実現することである。車で観光地を訪れ、そこで地元の人々と全く対話することなく、また観光に伴う消費もせず、すぐ引き返すという大都市圏の人々に多い単純な日帰り観光では、このような観光の好循環は実現しない。観光意思、即ち、観光するこころをもって充実した観光をすること、観光する(もてなしの)こころをもって迎える地元の人々との間で、何等かの対話を伴う観光の実現こそ「真の観光」といえよう。

Ⅰ 「観光」とは"何か"

観光施策の展開

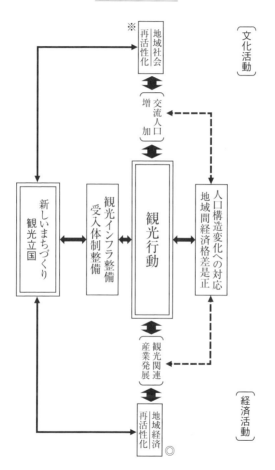

Ⅰ-3. 観光の役割(1)-観光(旅行)消費額から

　観光は居住地を離れて非日常的なものを求める行動である。このため多くの場合、宿泊を伴う(旅行)行動となって表れる。

　このような観光は当然、そこに資金の流れが生じ、観光目的地(旅行先)においては主に観光産業を通じてこれによる資金の循環が発生する。これによって観光地の経済を活性化する効果をもたらす。観光は経済行動であると言われる所以である。

　この規模は主に観光産業の売上高(生産高等)を通じて明らかとなる。即ち、様々な産業のうち観光にかかわる割合を算出(別途調査による)し、これを割掛けて観光産業売上高(生産高)を推計した数値は右図の通りである。

　図のように総額26.7兆円(平成29年)に及ぶとみられる。この数値はいわば観光の直接経済効果ともいうべきものであるが、このほかに観光にかかわるものを分離、計算できない分野にも観光による波及効果が多く及ぶものとみられる。例えば、観光によってある産業に需要が生じた場合、その産業がそれに伴ってさらに新しくそのための原料(材料)をほかから仕入れたりした場合等はこの図からでは把握困難な場合が多い。

　このような波及効果まで含むと観光総売上高(生産高)は年間約50兆円と推計されている。これは日本の自動車産業全部の生産高とほぼ同じ額となる。国が観光は「基幹産業」であるとして、その役割を評価するのは、このような数値によるものである。

Ⅰ 「観光」とは"何か"

平成29年の旅行消費額(暫定値)

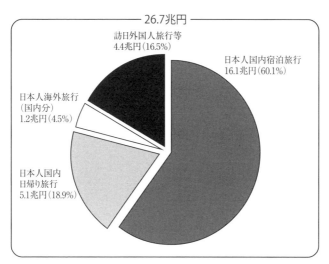

- 26.7兆円
- 訪日外国人旅行等 4.4兆円(16.5%)
- 日本人国内宿泊旅行 16.1兆円(60.1%)
- 日本人海外旅行(国内分) 1.2兆円(4.5%)
- 日本人国内日帰り旅行 5.1兆円(18.9%)

わが国経済への貢献度（経済効果）

生産波及効果	52.1兆円…5.2%	(対国民経済計算 産出額)
付加価値誘発効果	25.8兆円…4.9%	(対名目GDP)
雇用誘発効果	440万人…6.7%	(対全国就業者数)
税収効果	4.6兆円…4.7%	(対国税＋地方税)

(注)国土交通省観光庁「旅行・観光消費動向調査」、財務省・日本銀行「国際収支状況(確報)」より

Ⅰ－4．観光の役割(2)－人口の推移から

　平成27年10月現在の日本の総人口は1億2709万人と発表された（平成27年国勢調査による）。前回の平成22年調査と比べると96万人の減少(0.8％)となり、国勢調査で初めて総人口の減少が確認された。人口が増加したのは埼玉、千葉、東京、神奈川、愛知、滋賀、福岡、沖縄の8都県にとどまった。大都市圏の大阪府が初めて減少に転じたこと、沖縄(2.9％増)、東京(2.7％増)のほかは増加県も微増にとどまっており、日本の人口が本格的な減少局面に入ったことを物語っている。

　人口問題調査研究機関の推計によると日本の総人口は今世紀半ばの2051年には1億人を割り込むと試算している。その結果、数百箇所に及ぶ地方自治体が解体の危機に瀕すると言われる。今後、地域社会の活力を維持するために、また地域の経済力、発展力を維持していくためにはこのような人口減少を何等かの方法でカバーしなければならない。

　人口政策の推進等が求められるが、急な効果は期待できない。そこで考えられるのが交流人口の増加である。観光の推進による交流人口の増加で定住人口の減をカバーすることが期待される。国土交通省の試算によると外国人観光客ならば8人、日本人観光客(宿泊)ならば25人の誘致によって定住人口1人分と同じ社会経済的効果をもたらすと言われる。この点からも観光を全国的に、また地域的にむらなく進めることが急務である。人口減少による日本の危機を救うのは観光ではなかろうか。

Ⅰ 「観光」とは"何か"

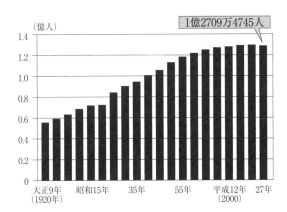

日本の人口の推移

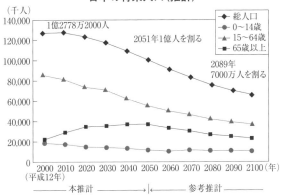

日本の将来人口（推計）

(注)「日本の将来推計人口　平成29年1月推計」(国立社会保障・人口問題研究所)による

Ⅱ 観光の"あゆみ"

　観光は、太古の時代から人間の本能的欲求によって始まった、長い歴史を持つと考えられる。本項でこのあゆみを概観するが、戦後の経済成長期以降から現代まで、観光の急速な発展をリードしたのは新幹線鉄道、高速道路、航空のいわゆる高速交通三点セットであった(新幹線と観光の関係は別項で分析、交通手段と観光の発展を考えてみる)。

　国際大交流の世紀と言われる21世紀を迎え、日本の観光も国際的競争力を強化して、グローバルな展開が求められるようになった。平成16年、「観光立国」の旗印のもと日本の観光の新展開を図ることが国策として決定されるに至った。その具体的施策展開へのベースとなったのは、①国の「観光立国推進戦略会議」の提言と、②日本商工会議所初の観光提言となった地域からの観光展開を重視する「地域のニューツーリズム」への提言、③経済団体連合会の「観光への提言」等と考えられる。

　これらの提言等をもととして策定された国の「観光立国」政策によって観光政策に新しい体系がつくられた。また国、公的団体、観光団体等観光施策の実行にあたる機関の役割分担、それぞれの施策の位置づけも明確になった。さらに国は国土交通省の外局として「観光庁」を設置、観光推進についての窓口を明示するとともに、国の観光施策の調整・推進を進める体制が整備された。このように挙国一致(公民の幅広い連携)、国民協働による観光展開の基盤づくりに努め、観光が国民運動として進められるにいたる。

Ⅱ－1．日本の観光の"あゆみ"

　人間は太古の頃から群れをなして暮らしていたと言われる。漁撈、農作業への便宜のためもあろう。そこでは自分の住む集落に隣接する近傍の集落相互で、まず人的交流が始まったとみられる。それは土・石器等の出土品からも推定されるという、いわば「観光」はよそ(の集落)をみたいという人間の本能に基づいてこのような時代から自然発生的に行われたのがその始まりといえよう。

　本格的観光行動は古代を経た奈良時代以降の万葉集、日本書紀等の文献にそれらしい記述がある。また労役、防人等、公的使役のための旅にも観光的要素がみられる。しかし、それ以外のこの時代の観光はまだ高貴な人や特定の身分の高い人のものに限定されていた。

　中世に入ると鎌倉・室町時代にかけ伊勢参宮が庶民に許されたこと等が動機となった神仏詣の旅と、それに付帯する見物・温泉観光等が一般市民の間に少しずつ浸透していったと考えられる。

　江戸時代になると、観光が広く市民の間に普及する。幕藩政治が安定したこと、参勤交代制に伴う道路・宿駅の整備がこれを促進した。しかし、鎖国政策で細々と進み始めた国際観光は頓挫するに至る。

　明治維新で開国政策がとられるとともに、内外観光は国による推進もあって急速に発展する。国による旅行斡旋機構(JTBの前身)の設立、国際観光ホテルの整備、経済界による貴賓会の設立等、むしろ国際観光の発展が目立つ。そして大戦前後の空白期を除いて観光は内外ともに定着、発展し、経済成長、オリンピックや万博の開催を経て日本も国際観光国の仲間入りを果たす。

Ⅱ 観光の"あゆみ"

日本の観光のあゆみ

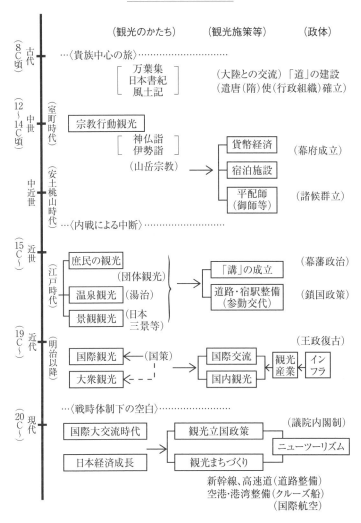

Ⅱ－2．観光立国推進戦略会議報告（平成16年）

　国は、国際相互理解（国際交流）促進と経済活性化策として観光振興を国策として取り上げることとなった。平成15年に「観光立国懇談会」（木村尚三郎静岡文化芸術大学学長ほか学識経験者で構成）、さらに「観光立国関係閣僚会議」を設置した。懇談会からは「住んでよし、訪れてよしの国づくり」を副題に掲げ、「観光立国」を目指すべきとの提案がなされた。これを受けて国は、「観光立国行動計画」の骨子を策定した。そして閣僚会議のもとに平成16年、「観光立国推進戦略会議」（座長、牛尾治朗氏）を設け、具体策について学識経験者を中心に、さらに討議を重ねた結果、平成16年5月、答申を受けた。それらをもとに国の観光立国推進方針が固められていったのである。

　観光立国推進戦略会議報告書は図の通り、4つの柱からなる。重点は、①観光をくにづくり、地域（まち）づくりの一環として広域的かつ面的に進めること、②ソフト、ハード両面にわたる基礎づくり（特に経済効果を吸収する観光産業近代化と人材育成）を強力に進めること、③外国人観光客誘致に国を挙げて取り組み、観光国際収支を改善すること、を掲げた。そのうえで④住民、観光客の目線に立ち、地域全体、さらに国際的にも視野を広げた国民運動として「観光」を推進することを国の基本方針として掲げるべきとしたのである。まさに「1億総参加の観光」への報告といえよう。

　従来、観光はともすればただの旅行、行楽等、いわば遊びの次元でとらえられがちであったが、いまでは観光は国策の柱と考えられるようになった。しかも、重要な文化活動、経済活動として観光が評価、認知されたという点で、この報告書はまさに観光にとって画期的なものといえよう。

Ⅱ 観光の"あゆみ"

観光立国推進戦略会議報告書

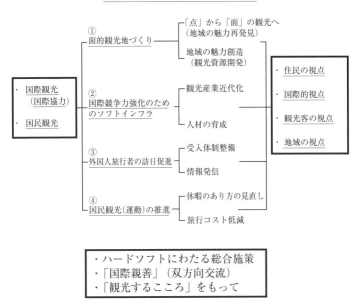

(注)観光立国推進戦略会議報告書から作成

Ⅱ－3．地域における「ニューツーリズム」展開に関する提言（日本商工会議所、平成16年）

　国の「観光立国」政策推進に呼応して経済界でも「観光」が今後の国、地域の経済発展に果たす役割が大きいことを認識し、主要経済団体が観光振興への積極的な取り組みを始めた。同時に、国等公的主体で実施されるべき施策についての提言も発表、公民一体となって「観光立国」を目指すこととなった。

　日本商工会議所（全国515の商工会議所の連絡、調整団体、通称日商）では平成16年、「観光振興をまちづくり運動として進める」と副題のついた提言を公表、全国各商工会議所に呼び掛け、特に地域の特性を活かした観光推進に取り組むこととなった。

　展開図に示すように、観光が文化・経済活動であることを理解、確認したうえで、国策（地方自治体の施策を含む）の柱として観光を強力に推進するよう提言している。そして、まちづくりの視点から地方ごとに地域の特色を活かした新しい視点に立った観光（ニューツーリズム）の展開も提案している。各会議所は事後、地域の特色を生かして観光活動を多様化するとともに、学習観光、体験観光等「ニューツーリズム」展開（行動する観光）に重点をおいて進めることとなった。特に観光資源に対する視点を変えて、新しい魅力を引き出すテーマ別観光として「産業観光」「街道観光」「都市観光」（詳細後述）等の地域密着型（着地型）観光を展開することを提案している。

　実施にあたっては、国際、広域展開等により、幅の広い観光を進める。この観光がまちづくりにつながり、また地域で進めるまちづくりが即、観光振興につながるように進め、「住んでよし、訪れてよしのくに、まちづくり」を期することとしている。

Ⅱ 観光の"あゆみ"

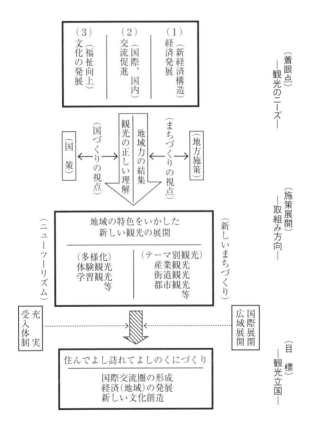

[コラム]

新幹線と観光

　昭和40年代以降、日本の観光発展のエポックとなったのは新幹線、高速道路、航空の発達であった。以下、新幹線と観光の関係を振り返ってみたい。

　昭和39年の東海道新幹線の開業から日本も本格的な高速鉄道時代に入った。昭和47年には山陽新幹線新大阪～岡山間、50年に博多までの全線開業があり、57年には東北・上越新幹線が相次いで開業する。その後、九州新幹線、北陸新幹線、北海道新幹線と逐次開業、山形新幹線、秋田新幹線など在来線を新幹線規格に一部改修して、東京からの小型の新幹線車両を直通させる、いわゆるミニ新幹線方式のものも開業するなど、日本の高速鉄道網も概成の段階に入った。新幹線の開業は、観光客の動向に大きい変化をもたらす。第一に、速度向上によって旅程の変化、泊数の変化が生じること、第二に、新幹線開業で観光ブームが発生、新幹線開業後１～２年、沿線地域の観光客が急増する等の現象が各地でみられた。

　以下、旧国鉄(JR)の調査、沿線自治体の調査等から、その動向、変化の特徴を把握できるものを掲載する。今後の観光施策展開の参考資料になればと思う。

　図Ａは、東海道新幹線開業時の観光客の旅程の変化を知るため、当時の国鉄が抽出方式で乗客から聞き取り調査をした結果である。明らかに旅程の変化がみられ、日帰り、２日旅行が急増している。新幹線開業によって、観光客の泊数が減少しないよう新幹線駅を起点として広域観光を展開すること

で観光を面的観光に広げることの必要性を示唆しているといえよう。

　図Bは、昭和47年、山陽新幹線新大阪〜岡山間開業時前後の岡山県における観光（入込客）の推移である。この開業は高速道路等の同時期開業がなかったこと、また調査対象が岡山、倉敷地区等に限定した調査であったため、かなり正確に新幹線の影響の実態を把握していると考えられる。

　即ち、岡山県への入込観光客は2倍を超える勢いで、しかもその影響が一時的なものでなく、数年にわたり持続していることを示している。これは、①岡山県、特に岡山、倉敷両市が観光客受入体制の充実と、強力な情報発信に努めたこと、また、②新幹線開業にあたり駅周辺を中心に新しい、画期的ともいえるハードのまちづくりを行ったこと、③岡山駅からの在来線、バス、タクシー等、いわゆる二次輸送の整備に努めたこと、等によると考えられる。

　このような効果は持続的で、しかも連絡船を介して四国方面まで広範囲に及んでいた。新幹線開業に伴うまちづくりと二次輸送の整備が観光客の増とその持続につながることを立証した例である。

　図Cは、昭和50年、山陽新幹線が博多まで全通した際の調査である。岡山開業時に比べ東京、大阪からの所要時間が長くなるため航空からの需要の取り込みが十分できなかったこと、また受入体制、特にまちづくりが岡山開業時のような完璧なものが少なかったこと、経済情勢の影響、また国鉄経営難による開業時のダイヤの不備等があって図のように広範囲の影響はみられたものの、伸び率が低く、ブーム現象までに

は至らなかった。

　図Dは、昭和57年の東北新幹線開業時の国鉄と東北各県の調査による主要観光地への入込人数調査である。これによると東北のように広い地域に観光地が点在しているところでは二次輸送の整備如何が決定的な影響を与えていることが明らかとなる。鳴子温泉、松島、作並温泉等、東京からの距離が手頃で、二次輸送（在来線）が整ったところの伸び率が高いことはこのことを物語る。

　図Eは、最近の北陸新幹線等の例である。比較的観光客のウェイトが高くビジネス客の割合の少ないところでは、入込客増加が開業後1～2年で終息し、逆に減少さえしていることを示している。しかし、このようなところでも、この資料にはないが、二次輸送としての観光列車運行ないしは受入体制の整備に努力した地域では現在も好調を維持しているなど、ブームの終わった後はまだら模様の需要動向を示す現象が最近の新幹線開業ではみられる。

　新幹線のような高速鉄道の開業は観光客の動向（特に増加）に大きい影響を与えているが、前述の各例が示す通り観光まちづくりに努めたところ、二次輸送の整備が進んだところはそれなりの成果を収めていることが各ケースに共通しているといえよう。さらにその効果の持続こそ各地域共通の課題であることを示している。

Ⅱ 観光の"あゆみ"

東海道新幹線開業時（昭和39年）

新幹線開通による旅行日程の変化

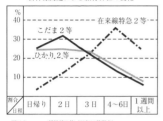

(注1) ━━━ 新幹線2等（39年11月調査）
(注2) ━・━ 38年10月調査の東海道特急・2等
(注3) 国鉄旅客局資料による

図A

山陽新幹線岡山開業時（昭和47年）

岡山県における入込客の推移

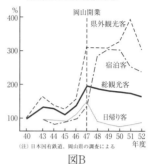

(注) 日本国有鉄道、岡山県の調査による

図B

山陽新幹線博多開業時（昭和50年）

山陽新幹線博多開業時の観光客増加率（対前年）

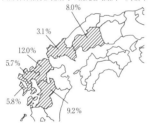

8.0%
3.1%
12.0%
5.7%
5.8%
9.2%

(注1) 斜線のひいてある県は、新幹線が開通した年（岡山開通昭和47年、博多開通50年）の観光客の対前年比増加率が全国の平均値を上回った県。
(注2) 日本国有鉄道の資料による

図C

東北新幹線開業時（昭和57年）

東北新幹線開通後の観光客増加状況

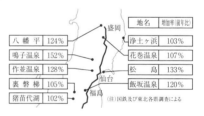

地名	増加率(前年比)
八幡平	124%
鳴子温泉	152%
作並温泉	128%
裏磐梯	105%
猪苗代湖	102%
浄土ヶ浜	103%
花巻温泉	107%
松島	133%
飯坂温泉	120%

(注) 国鉄及び東北各県調査による

図D

新幹線開業後観光客の推移

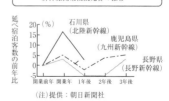

(注) 提供：朝日新聞社

図E

[コラム]

震災復興と「観光」動向

　平成23年の東日本大震災は地震、津波、それに原子力発電所事故が重なり、「観光」も大きい被害を受けた。

　とくには震災の直接被災のほか「風評」被害(被災状況についての無責任な噂等による観光客の減少)によるものが多かったとみられる。図のように、東北各県は震災からの復旧復興が進むにつれて観光も次第に復調しつつあるが、東北の観光は他地方に比べ復調が遅れ、特に原発事故のあった福島県の伸びが鈍い。被災状況、また復旧状況についての的確な情報の必要性、特に原発事故のような未経験の被災についての的確な情報の緊急性が痛感させられる。

東北六県への訪日外国人宿泊者数

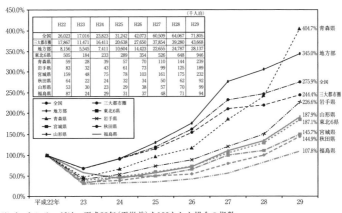

	H22	H23	H24	H25	H26	H27	H28	H29
全国	26,023	17,016	23,823	31,242	42,073	60,509	64,067	71,805
三大都市圏	17,867	11,471	16,411	20,638	27,650	37,854	39,280	43,668
地方部	8,156	5,545	7,411	10,604	14,423	22,655	24,787	28,137
東北6県	505	184	233	289	354	526	648	946
青森県	59	28	39	57	70	110	144	239
岩手県	83	32	43	61	73	99	125	189
宮城県	159	48	75	78	103	161	175	232
秋田県	64	22	24	32	34	50	62	92
山形県	53	30	23	29	38	57	70	99
福島県	87	24	29	31	37	48	71	94

※パーセンテージは、平成22年(震災前)を100とした場合の指数
(注)観光庁「宿泊旅行統計調査」より東北運輸局作成

Ⅲ 観光の"かたち"(構造)

　観光は様々の要素で構成される。その要素の相互関係、つながりとその相互補完で観光の効果が高まり、地域経済・社会の発展に寄与する。その過程を分析し、今後の方向を展望する。

　観光に対する正しい理解を妨げているのが観光のかたちないしはしくみについての説明が不十分であることや理解不足によるところにもあった。また観光は個人の"こころ"に訴えて進められるものがあるだけに、この観光の"かたち"(しくみ)が観光しようとする人々のこころにどこまで訴えられるかに、その成否がかかっているとも考えられる。

　そのなかで観光を支える「観光基盤」(交通、宿泊施設等のいわゆる観光インフラ)の整備が観光の発展に、またその持続に大きい役割を果たしていることが明らかとなる。さらにこれらの観光の各要素を結び、その効果を高めるために果たす情報の役割が大きいことに注目していきたい。

Ⅲ－1．観光の構成要素と相互関係

　観光は人間の観光しようという意思にもとづく行動で、以下の4つの主な要素から成り立つと考えられる。
① **観光動機**　観光しようという意思を人の心に起こさせるきっかけで、主に観光情報（観光地ないしは観光対象、観光インフラの情報）から形成される。この動機から形成される観光意思が人を観光に向かわせることになる。図Ⓑ
② **観光客（観光者）**　観光意思をもった人が観光（行動）の主体、「観光者」となる。なお観光者を経済社会行動という面からみると観光客となり、一般には観光客と言われる。従って本稿では以下観光客という。
③ **観光資源（観光対象）**　観光意思をもつ観光客の目的地（物）等が観光の対象となる。観光客は観光意思をもってこの対象に働きかける（非日常的なものを求めてそこに赴く）ことが観光行動となるⒶ。そして観光対象にふれ、そこから何らかの観光効果（行ってよかった等）が得られた場合Ⓓ、観光対象はその人にとって観光資源となる。従って観光資源は人によって異なる（観光対象にふれても効果が得られなければその人にとって観光資源とはならないから）。ただし、大多数の人が観光効果を得られるとみられるもの（いわば資源候補）について本稿では観光対象を観光資源と表現していく。
④ **観光（支援）基盤**　上記の一連の行動を支えその効果を高めるものでⒸ、宿泊、交通等の観光インフラ等の観光産業の多くがこれにあたる。

以上の観光の諸要素は、「情報」ⒸⒺⒻⒼ等によって結ばれている。

Ⅲ 観光の"かたち"(構造)

観光の構造図 ―観光要素とその関連―

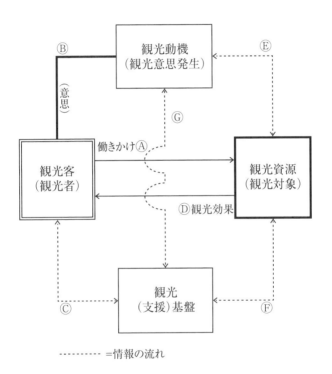

-------- ＝情報の流れ

Ⅲ-2. 観光客(観光者)

　観光客の実数を正確に把握することは難しい。それは旅行(移動)という行動を、人々が観光意思をもって行っているかどうかによって(その他の)家事、用務旅行と区別することになるが、この意思の存否を外から把握することが困難だからである。

　従って抽出方式によって(いちいち)旅行目的の聞き取り調査を行って、推定するほかないのが現状である。

　外国人入国旅行者数が国の海外からの観光客受入目標として掲げられるが、この人数が観光客のウェイトの高い数値と考えられるからである。特に国内の日本人観光客数の正確な実数は今もって不明で、国の観光目標数値にも入っていない。国もこのような統計の不備を補うべく一定の推計基準を定めて集計に努めているが完成していない。従って、日本人観光客の実数は宿泊客数等(多くが宿泊を伴うと考えられるので)から推計することになる。これらの数値には年平均約3～10億人の幅がある。しかし少なくとも傾向と推移はこれから把握できる。表のように国の統計基準による数値にも未集計、未加入の府県があるので、総数は不明であるが、宿泊を伴うものは2～4億人程度と考えられ、集計できない宿泊を伴わない日帰り観光客を加えると10～20億人規模ではないかと想定される。

　近年の動向としては消費税導入による乱高下があるが、全体として国内観光客は横這いもしくは微増傾向とみられる(外国人観光客は急増、しかしその総数は国内の観光客の1割程度にすぎない)。

　従って重要な当面の課題は国内観光客の9割を占める日本人観光客を増加させることといえよう。

Ⅲ 観光の"かたち"(構造)

都道府県別観光地入込客統計

(単位 万人)

都道府県	'12 (平成24)	'13 (平成25)	'14 (平成26)	'15 (平成27)	'16 (平成28)
北 海 道	5,271	5,290	5,336	5,448	
青 森 県	1,389	1,305	1,497	1,474	
岩 手 県	1,286	1,136	1,150	1,165	
宮 城 県	3,051	2,446	2,987	2,912	
秋 田 県	1,041	1,168	1,204	1,154	
山 形 県	1,656	1,816	2,021	1,965	
福 島 県	2,173	2,216	2,147	2,006	
茨 城 県	3,258	3,224	3,345	3,859	
栃 木 県	4,223	4,187	4,516	4,717	
群 馬 県	2,910	2,889	2,984	3,065	
埼 玉 県	10,005	9,937	9,954	10,924	
千 葉 県	8,602	8,934	8,980	9,161	
東 京 都	47,482	51,264	51,512	52,859	
神 奈 川 県	7,115	9,887	10,496	注1	
新 潟 県	2,952	3,534	3,724	3,684	
富 山 県	867	1,124	1,238	注1	
石 川 県	1,221	1,635	1,811	注1	
福 井 県	注1	注1	注1	注1	
山 梨 県	2,735	2,968	3,002	3,146	
長 野 県	3,787	3,761	3,595	4,445	
岐 阜 県	3,619	3,844	3,686	4,360	
静 岡 県	6,257	4,714	注1	7,685	
愛 知 県	9,362	10,344	10,544	10,405	
三 重 県	2,749	3,715	3,192	3,542	
滋 賀 県	1,981	1,868	1,899	2,349	
京 都 府	–	6,129	6,385	6,779	
大 阪 府	注2	注2	注2	注2	
兵 庫 県	7,026	7,034	7,399	7,224	
奈 良 県	1,936	1,935	2,094	2,281	
和 歌 山 県	1,192	1,166	1,143	1,268	
鳥 取 県	767	1,001	920	945	876
島 根 県	1,119	1,377	1,265	1,166	1,177
岡 山 県	1,322	1,232	1,422	1,449	1,740
広 島 県	2,143	2,344	2,405	2,310	2,109
山 口 県	1,729	1,772	1,754	1,813	注1
徳 島 県	941	1,044	1,137	1,010	注1
香 川 県	1,546	1,539	1,712	1,674	1,593
愛 媛 県	1,356	1,311	1,461	1,497	1,497
高 知 県	632	590	570	注1	
福 岡 県	注2	–	10,053	10,420	注1
佐 賀 県	1,302	1,292	1,862	2,022	1,876
長 崎 県	1,438	1,645	注1	注1	
熊 本 県	2,473	3,403	2,578	2,904	2,954
大 分 県	1,754	1,756	1,890	2,287	1,972
宮 崎 県	1,390	1,518	1,447	1,580	注1
鹿 児 島 県	1,647	1,671	1,699	1,807	1,708
沖 縄 県	1,047	1,069	注2	注1	
合　計	167,752	184,080	189,736	202,025	120,087

(注1)集計中
(注2)「共通基準」未導入
※ 観光入込客数は、実人数であり、観光地点等ごとの重複を除いた数値であり、1人の観光入込客が当該都道府県の複数の観光地点を訪れたとしても1人回と数える。
(注3)国土交通省観光庁「観光入込客統計に関する共通基準」'17(平29)10月13日現在(日本人観光目的+日本人ビジネス目的+訪日外国人)

Ⅲ－3．観光(支援)基盤

　観光行動を支え、その効果を高める機能をもつもの、即ち観光活動を支援するものを「観光基盤」と総称する。それはハード・ソフトの両面にわたる、いわば観光インフラが中心となる。機能別には、①観光客と観光資源(所在地)を結ぶもの、②観光をしやすくするための様々なサービス、便益を提供するもの、③観光活動を円滑に、かつ効果的に進めるための法規、諸制度等から構成され、幅広いものである。それらの機能を提供するものは公的主体(国、地方自治体等)によるものと民間によるものがあり、後者の場合は、いわゆる「観光産業」がその中心的役割を果たす。多岐にわたるがこれらの観光基盤を構成するものは互いに連携して、その機能を果たしており、観光客はそのニーズに応じて、これらを活用して観光行動を進め、その効果を収めることになる。また観光地等受入側では、この機能を果たす観光産業等を通じて生ずる観光による資金循環で地域経済を発展させる。このような関係が持続性ある観光に発展する原動力となる。

　(注)右図はその各基盤を運営するもの、提供するものを右欄外に点線で示すが、観光情報については公的主体によるもののほか近年のIT技術発達に伴い、とくに民間各機関の情報ガイド、ホームページの果たす役割が急増してきた。誰もが情報端末(スマホなど)をもつ環境となり、情報の受信・発信のシステムチェンジが生じた。そのため今後、情報の選別の良否とその質的充実が急務となっている。

Ⅲ 観光の"かたち"(構造)

観光基盤を構成するもの

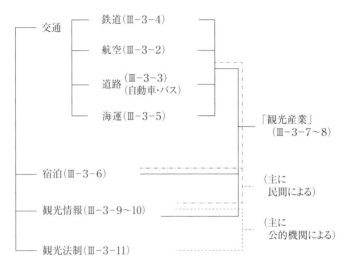

(注1)( )内の数字は掲載項目番号を示す
(注2)基盤のうちその機能が企業等によって提供されるものは「観光産業」と総括される
(注3)観光法制は公的主体によって制定運用される。観光情報はこれまで公的主体によるものが多いが、近年IT導入等により民間発信の情報が増加しつつある。また観光産業としても把握される観光基盤の諸事業は国等の許認可により、その影響下で運営されるものが多い

Ⅲ－3－1．観光基盤(交通)―交通機関別の状況

　観光は非日常性を求めて居住地を離れて行う行動であるから、当然、そこに移動(旅行)を伴う。従って交通機関は観光にとって不可欠な、また最も重要な(支援)基盤ということができよう。居住地から観光地へ、また観光地相互間、観光地から居住地への移動を円滑に支えることが求められている。国は観光立国推進基本法で「魅力ある観光地及びその観光地間を連絡する経路における空港、港湾、鉄道、道路、駐車場、旅客船その他の観光の基盤となる交通施設の整備等に必要な施策を講ずるものとする」と定めているのも観光にとって交通が如何に大切かを示すものである。

　各種交通機関とその現状と課題を以下モード別に説明する。公共交通機関における交通機関別分担率は図のとおりである(統計上旅客はビジネス客等を含んだ総利用人員である)。なお交通機関によっては聞き取り調査によって利用人員のなかの観光客の割合を試算しているものもあるが、ほとんどの機関では総利用(輸送)人員(旅客数)のみ公表している。

　交通機関全般の特色として観光客の利用は地域的・季節的な偏りがあり、通勤通学客の場合は時間的(朝夕に集中)偏りがあって、それへの円滑な対応が求められている。しかし交通機関は多くの場合、固定施設や高価な運送用具(航空、車両等)を伴うので、需要集中期にも需給をたえずバランスさせることは困難であり、季節によって需給逼迫(混雑)が生じ観光に支障する場合もある。

　交通機関側の努力とともに休暇活用の工夫等で極力需要を年間にわたり平準化する努力が期待される。また交通機関が競争から脱皮して、それぞれの特色を活かして、適切な役割分担を行い、観光地ごとに効果的な総合交通システムを構築していく必要があろう。

Ⅲ 観光の"かたち"(構造)

旅客の公共交通機関別分担率(平成21年度)

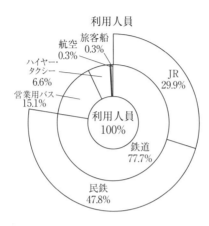

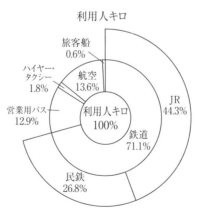

(注)交通関連統計資料集、鉄道統計年報による

Ⅲ－3－2．観光基盤(交通)—航空

　観光基盤のうち航空の果たす役割は急増しつつある。特に国際観光においてはモード別出国者割合で航空が98％を占め決定的な役割を果たす。また国内観光においても各島相互間を含み、600km以上の観光(旅行)では航空が占める割合が圧倒的である。前ページの国内公共交通機関の輸送人キロのシェアをみても航空の割合が13.6％に達している。航空(産業)の動向は右図に示す通り需要は堅調で、目立つのはLCC(格安航空)の伸びが国内外を通じて大きいことである。その乗客数シェアは国内線約10％、国際線では約19％に達している。このため航空業界は激しい競争市場となった。これに刺戟されて全体としての航空乗客数はむしろ増加傾向がみられる。しかし、LCC等を中心に人手不足が目立ち安定運行の障害となりつつあるほか、燃料費の動向、国際紛争の影響等不安要素もあり、安全・安定重視の経営改革にせまられている。一方、空港アクセスに鉄道を導入したり高速バス路線を導入して成果をあげているところも多く、ここでも交通機関相互の連携、補完による総合観光交通システム構築が急務となっている。また地方空港をチャーター便等の乗入れ等で活用すること、オープンスカイ政策による国際空路の増強が外国人観光客増加に大きく寄与したことにかんがみ、新幹線などと国内需要を適切に分担しつつ各空港の国際空路を増強し、日本の主要空港が国際ハブ空港の役割を果たすことが望ましい。それによって立寄り観光客の増が見込まれる等、外国人観光客誘致にも大きい効果をもたらすこととなろう。このように国の航空政策と連携しながら業界が一層の経営改善に努め、観光で航空がより大きい役割を果たすことが期待される。

Ⅲ 観光の"かたち"(構造)

航空旅客数の推移

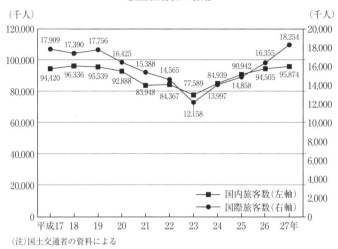

(注)国土交通省の資料による

国際線LCC旅客数推移※

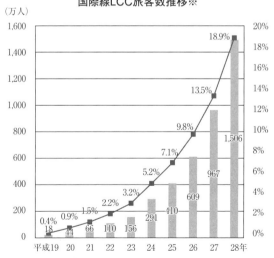

(注)国土交通省の資料による
※平成29年8月時点のデータによる集計

Ⅲ－3－3．観光基盤（交通）─道路（自動車、バス）

　道路は観光を支える。特に地方では中心的役割を果たす基盤施設である。昭和30年代以降、累次の道路整備計画にもとづきガソリン税、自動車税等による道路財源が確保されたこともあって急速に整備が進んだ。現在、主要道路は舗装率100％を達成、高速道路供用キロも8000kmを超えるに至っている。観光地においてもその伸びは大きい。自動車をめぐる税制、道路料金の変動等による外的影響は受けつつも、自動車を中心とする道路交通機関は全体として順調に発展してきた。しかし、バスについては自家用車の普及、人口の都市集中もあって路線バスは利用者が減少し、地方では撤退も相次ぎ観光地の足に影響を生じる地域も多く、観光地や宿泊施設等が送迎バス運行等の対策にせまられているところも多い。貸切バス、タクシーも規制緩和が進む反面、競争激化、人手不足等の影響を受け、経営はきびしさを増し、貸切バスでは安全面への不安も生じる状況となっている。

　このため観光に大きい役割を果たす公共輸送機関であるバス、タクシー等は経営改革にせまられている。即ち、安全確保を大前提として抜本的経営改善を進めるとともに競争から脱皮して、鉄道等も含めその特性を活かした各観光圏ごとに新しい観光交通システムの構築が求められている。図のバス（高速バスを含む）の利用動向がこのような課題を端的に示しているといえよう。なお代表的な観光地である高山市についての例を掲げたが、北陸新幹線の二次輸送として高速バスが急速に増加しており、今後バスの輸送分野の方向を示している。一方、近年地方ではコミュニティバスの普及があり、また都市では外国人観光客増でバスの総利用人員が微増に転じる地域もあることに注目したい。

Ⅲ 観光の"かたち"(構造)

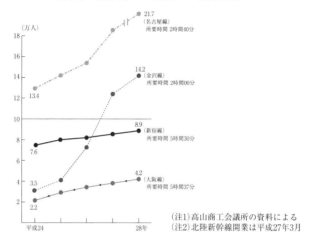

岐阜県　高山市への高速バス利用状況

(注1)高山商工会議所の資料による
(注2)北陸新幹線開業は平成27年3月

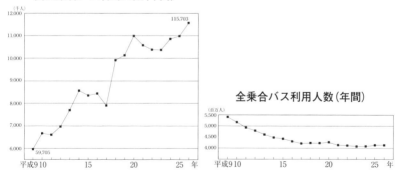

高速乗合バス利用人数(年間)

全乗合バス利用人数(年間)

(注1)上記数値は、各年度末現在のものである。ただし、昭和60年度以前の実績は、利用(輸送)人員(年間)及び高速自動車国道供用キロを除き、6月1日現在のものである。
(注2)平成17年度までは、当該系統距離の半分以上を高速自動車国道、都市高速道路及び本四連絡道路を利用して運行する乗合バスを高速乗合バスとした。平成18年度からは、系統距離が50km以上のものを高速乗合バスとした。

Ⅲ－3－4．観光基盤（交通）―鉄道

　鉄道経営は、その利用人員（需要動向）によってその収支に大きい較差を生じ、これが鉄道事業者の経営に影を落としている地域が多く、観光客の足にも不安が生じている。

　日本の鉄道は現在、都市の路面電車、地下鉄等の一部を除き民営のものが大半である。従って経営難に陥った場合、撤退する事業者も多く、各地でローカル線の廃線、バス転換が進む。

　一方、高速鉄道、特に新幹線は国策として公費負担に支えられて建設が進み、北海道から九州までの新幹線網も完成に近い。また大都市圏の鉄道は需要が多く、このような地の利を活かした、いわゆる大手私鉄は関連事業も兼営して比較的安定した経営を続けている。図に示すのは中部地域の例であるが、県庁所在地、政令指定市、拠点都市に路線をもつ会社と、地方ローカル線を経営する会社の利用動向には明らかに較差が生じつつある。観光インフラとしての面からみるならば、観光地へないし観光地内の利用、特に自家用車を持込まない外国人観光客にとってアクセス手段としての鉄道の役割は依然大きいものがある。このため経営困難な地方鉄道のあり方を観光の面から見つめ直し、事業者を公費で支援して存続させるべきか、あるいはバス転換によってそのアクセス手段を確保すべきか等について、地元自治体（住民）とも協議のうえ早急に方向付けを行うべき地域が多い。即ち、鉄道のみでなく、当該地域のバス、自動車（タクシー等）等が互いに特色を活かして競争から脱皮、相互補完の関係にたち、地域ごとに最適の総合（観光）交通システムを住民参加で形成することが期待される。近年、鉄道利用そのことを観光資源とする「観光列車」が運行され、鉄道と観光の関係に新分野を拓きつつある。

Ⅲ 観光の"かたち"(構造)

中部運輸局管内の地域鉄道事業の利用人員動向

① 主に県庁所在地・政令市・中核市に路線を持つ事業者

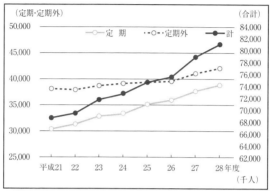

(注)中部運輸局の資料による

② 主に地方部に路線を持つ事業者

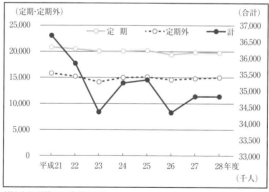

(注)中部運輸局の資料による

[コラム]

観光列車

　鉄道(列車)は観光地へのアクセスとして重要な観光基盤としての役割を果たしてきた。しかし近年、このような役割のほか車窓からの「景観」ないし鉄道の乗車過程そのものを観光目的、観光資源とする動きが急速に高まってきた。そして車窓景観、列車内サービスを結びつける新しい観光資源として「観光列車」の運行が多くの鉄道会社で相次いで始まった。観光列車の明確な定義(区分)は難しいが、おおむね以下の条件を備えるものが「観光列車」と考えられる。
①特別な仕様(内外装、車内設備等)の車両によるもの
②座席定員制(座席、号車指定等)で事前予約制をとるもの
③車内で特別なサービス(供食、茶菓サービス、展示、車内
　イベント催行等)を行うもの
　上記のほか車窓景観を味わうべく景勝区間での減速運転、駅間途中停車、駅での長時間停車等を行うものもあり、またクルーズ列車として車中泊(外泊も含む)を伴う2〜3日の行程にわたるものもある。販売面からみると駅窓口で予約、乗車券購入ができるものが多いが、旅行会社主催のツアー列車としてツアー参加のかたちで乗客を募集する(販売も旅行会社)もの、一般列車に食堂車(予約制)増結というかたちで観光車両を併結するもの等の種類があり、地域特性を反映したキメ細かいサービスを指向し、商品特性を活かす工夫をしている。
　このような観光列車は毎年増加、現在JR、民鉄各社あわ

Ⅲ 観光の"かたち"(構造)

せて百数十種に達し、刻々増加中である。代表例として観光列車の設定が多く、「ななつ星in九州」のような話題列車の多いJR九州の例を図に掲げる。

(注)名岐鉄道名古屋(押切町)〜鵜沼〜国鉄下呂駅間に運行された「宴会列車」が観光列車の元祖といわれる(昭和5年)。

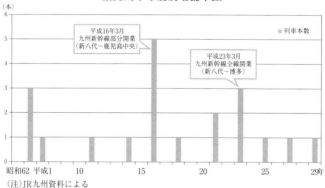

観光列車年度別増備本数

(注)JR九州資料による

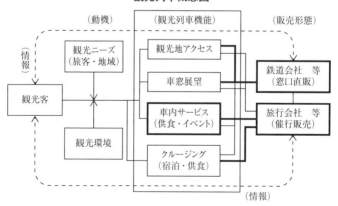

観光列車概念図

Ⅲ－3－5．観光基盤（交通）―海運

　観光において、海運の占める割合は離島相互間等を除いて比較的小さくなってきた。それは本州、四国、九州、北海道の主要島間に架橋、海底トンネルが開通したこと、また観光地を中心に島しょ間にも架橋が急速に進んだことによる。また、外航路は横這い傾向にあるが、利用の多くは日韓航路など近隣諸国との間の航路である。しかし、最近になって観光のなかで海運が再び大きい役割を果たそうとしている。それはクルーズ船の増加と大型化である。港湾施設整備に伴い国際間、国内間両面での大型船によるクルーズ（観光）が新しい観光分野として急成長しつつあることだ。観光地へのアクセス手段としての船舶利用から乗船中の過程そのものが観光目的（観光資源）化してきたからである。ちょうど鉄道の観光列車と軌を一にしているといえよう。

　今後、受入体制整備がその課題で、大型船の接岸できる港の整備、多人数の同時入国が発生するのでCIQへの対応体制（出張による手続等も）整備が求められる。一方、クルーズ船の観光客の場合、船内で宿泊し、飲食する等、船内居住が中心で、一時的な上陸観光のかたちをとるものが多いので、観光による地域への経済効果がともすれば失われがちとなる。このため地域におけるクルーズ客の交流行動パターンがその地域での消費も増加するように受入ないし対応措置を検討しなければならない段階にある。

　また寄港地所在の都市が互いに連携して諸外国や国内のクルーズ船の寄港誘致を行い、クルーズ船観光を観光の重要な分野にまで成長させる努力が望まれる。港湾整備にあたる公的主体をはじめ受入体制整備のために官民の協働が期待されるところである。

Ⅲ 観光の"かたち"(構造)

外航定期航路別利用実績

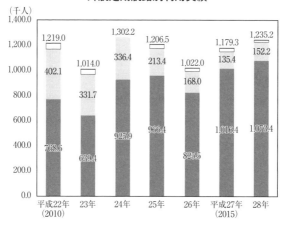

■日韓航路／外国人　■日韓航路／日本人　□中国航路　■ロシア航路
(注)観光庁資料による

クルーズ船寄港回数

(注)観光庁資料による

Ⅲ－3－6．観光基盤─宿泊施設

　観光にとって宿泊施設(旅館、ホテル等)は重要かつ不可欠のインフラ(基盤施設)である。国内外観光の進展に伴い近年、宿泊施設、特に大都市圏、主要観光地のホテルの需給が逼迫、観光客から宿泊できないとの苦情が多くなり、観光推進の隘路となりつつある。しかし現状をみると、地域や宿泊施設の種類によって需要が偏在しており、宿泊施設の能力が十分活用されていないこと、また、されにくい状態に陥っていることが指摘される。観光の基礎インフラ、宿泊施設は今後、施設の増強を図るとともに宿泊業の経営改革により満遍なく利用促進を図る必要がある。

　旅館

　図のように漸減し、4万軒を割る状態となった。伝統的旅館も中小企業が多いこともあって、経営近代化、効率化が遅れ高コスト構造になりがちなこと、古い商慣習(1泊2食付契約の固守等)が残り、利用を妨げているところも依然多いこと等が指摘される。

　ホテル

　需要が旺盛なため、1万軒をこえた。契約方式が泊食分離され国際的な予約システムに加入しているものも多く、利用しやすいことがその原因とみられる。大都市圏や主な観光地等では需給が逼迫しているところが多く、早急の対策が求められるに至った。

　民泊

　一時的なものを除いて、いわゆる「特区」以外では原則として営業が認められていなかった。ホテルの需給逼迫を緩和するため民泊解禁が平成30年6月から実現した。今後は、宿泊施設全体への規制の見直しや新しい宿泊業界の業界新秩序の確立をめざしつつ、慎重にその展開を図るべきであろう。

Ⅲ 観光の"かたち"(構造)

日本の宿泊施設数の推移(ホテル・旅館)

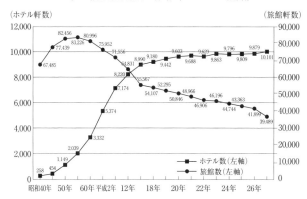

(注)厚生労働省統計から作成　51,700軒強の宿泊施設(ホテル・旅館)

施設タイプ別客室稼働率の推移

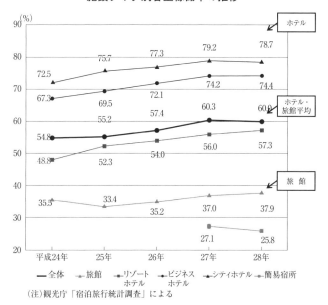

(注)観光庁「宿泊旅行統計調査」による

[コラム]

宿泊施設の客室稼働率(大都市圏)

　近年、大都市、主要観光地を中心にホテルの需給が逼迫してきた。

　外国人客はこのためいわゆるヤ・ミ・民・宿・を利用したり、大都市周辺の他県のホテルに宿泊したりすることが多くなっている。しかし図のように宿泊施設全体の需給状態は一様ではない。特にホテルの高い客室稼働率にくらべ、(和風)旅館の客室稼働率が極端に低い。従って全体としてみた場合は、宿泊施設はまだゆとりのある状況ともいえる。それは別記の通り旅館の一部に今も古い商慣習を残しているものが多いこと等、経営改革が遅れていることがその一因である。

　このため外国人、さらに邦人でもビジネス客などは旅館を利用せずホテルに宿泊することが多くなったため、上記のようなアンバランスを生じたものとみられる。またヤミ民宿の横行は近隣の生活環境破壊をもたらすこともあり、地元からの反対運動も見受けられるに至った。国もこの状況を打開すべく法律改正により民泊を解禁(登録制とし一定の基準を設け営業日数制限を付する)することとなった。このように民泊等への規制が緩和されるがホテル、旅館、民泊等、有料の宿泊施設の規制は本来同レベルであるべきと考えられる。また急激な民泊の増加は貴重な観光資源(泊ること自体が)となってきている和風旅館の転廃業につながる。このような事態をさけるため、各施設の競争条件を揃える等の新秩序を構築したうえで、地域の実情を考慮しつつ慎重な対応が望まれる。

Ⅲ 観光の"かたち"(構造)

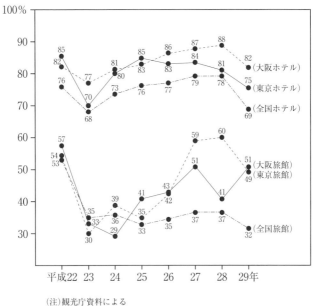

ホテル・旅館客室稼働率

(注)観光庁資料による

Ⅲ－3－7．観光基盤─観光産業(経済規模)

「観光産業」という産業(分類)が盛んに話題にのぼるようになったのは、国の観光立国政策が進み始めたここ2、3年来のことである。現に国の産業統計等には今もって「観光産業」という項目は存在しない。観光が進み、観光による経済効果を受け止めて地域経済に還流させる資金の循環は次第にその規模が大きくなってきた。そのためこの数値(実態)を何等かの方法で正確に把握する必要が生じた。同時にそれらの数値(金額)に相当する「観光」というサービス価値を「生産」する、いわゆる「観光産業」も他産業とは区分してその生産高を把握することが地域経済の実態把握のためにも必要とされるに至った。そこで従来の産業分類中各産業の観光に伴う売上(生産高)の割合を観光庁において推計、この割合で既存産業分類中の産業ごとに観光にかかわる生産高を算出することにした。その合計額が「観光産業」生産高として公表されることとなったのである。

観光産業のなかには既存分類によるホテル旅館、サービス、飲食、物販業等がかなりの割合を占めていることが分かる。波及効果を含んだ場合、その総額は50兆円に近いものと試算された。この額は日本の自動車産業の総生産額にほぼ近い膨大な金額となる。

このことが観光産業は日本の基幹産業であるといわれる所以であろう。

　(注)観光産業収入額約50兆円という数値が公表されることが多い。観光によって生ずる経済効果は原料仕入れ等を通じて様々な産業に広く波及していく特長をもっているので、それらの間接効果までも含んだ額のことを示している。従って日本の観光産業生産等22.4兆円という数値は直接生産高というべきものである。

Ⅲ 観光の"かたち"(構造)

各産業の経済規模(国内産出額ベース)

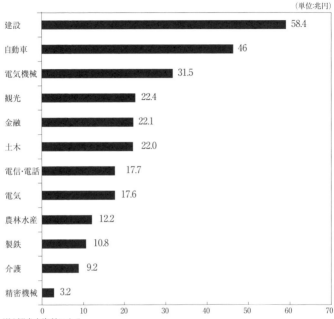

(単位:兆円)

産業	兆円
建設	58.4
自動車	46
電気機械	31.5
観光	22.4
金融	22.1
土木	22.0
電信・電話	17.7
電気	17.6
農林水産	12.2
製鉄	10.8
介護	9.2
精密機械	3.2

(注)観光庁資料による
※金額は平成25年の値
※観光産業の金額は「旅行・観光消費動向調査」及び「訪日外国人消費動向調査」より算出
※観光以外の各産業の金額は国民経済計算産業連関表(内閣府)より算出
※観光の金額は輸入分を除いた金額を示す
※建設は土木の産出額を含む

―― (参考)観光部分(業種別)推計例(各産業分類の内訳) ――
宿泊サービス	17.5%
供食サービス	63.8%
顧客輸送サービス	12.2%
レンタルサービス	34.0%

Ⅲ-3-8. 観光基盤―観光産業(労働生産性)

観光産業は裾野の広い多岐にわたる産業である。しかも伝統的な、また創業が古い業種が多く、さらに中小企業がその大半を占めるとみられる。このため他産業に比し近代化、効率化に遅れがみられ、観光の経済効果を十分受止められない点も一部では見受けられるに至った。

図にみる通り、その労働生産性は相対的に低位にある(この調査は財務省、総務省の調査をまとめたものである)。その特長は第一に、全産業のうち70％が中小企業であることを示している。次に中小企業グループのなかで観光にもっとも関連の深い(観光庁調査では宿泊業の63.8％が観光関連の生産額とされる)宿泊業、飲食サービス業のそれは主な業種の最下位にある。大企業のグループに属する宿泊業、飲食サービス業も中小企業グループのそれよりは高いものの、やはり低位であることがわかる。

この理由として宿泊飲食サービス業はサービスの提供と消費の時差が少なく、サービスの提供と利用が同じ場所でほぼ同時に行われる。そこで在庫を持ちにくい業種であること等による。観光は季節、曜日波動が大きいが、それにあわせて生産量の調節や従業員数を調節していくことが難しいため、生産性の向上を妨げているともみられる。このため観光産業にあっては、その中心となる中小企業が、適確な需要予測、IT機器等を活用した省力的経営等、経営体制の近代化にせまられているといえよう。

(注)観光産業「事業所」のなかでは中小企業の占める割合は99％に及ぶとみられる。

Ⅲ 観光の"かたち"(構造)

労働生産性と労働構成比(規模別、業種別)

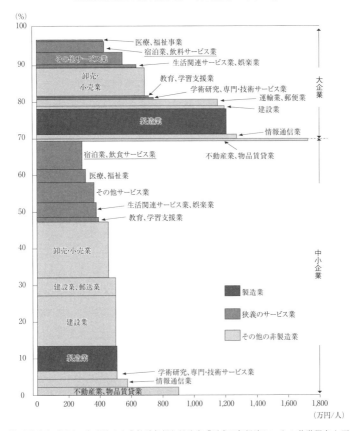

(注1)財務省「平成26年度法人企業統計年報」総務省「平成26年経済センサス-基礎調査-」再編加工。
(注2)労働生産性=付加価値額/総従業員数。
(注3)付加価値額=営業利益+役員給与+役員賞与+従業員給与+従業員賞与+動産・不動産賃借料+租税公課
(注4)従業者数=役員数+従業員数
(注5)ここでいう中小企業は、中小企業基本法上の定義による。
(注6)中小企業白書(2016)による

Ⅲ－3－9．観光基盤―観光情報（種類と体系）

　別項でも示したように、「情報」は観光にとって決定的な役割を果たす。観光に赴こうという観光意思は主に「情報」から形成される。観光地に赴く交通手段、宿泊施設の選択も「情報」による。さらに予約、契約等も情報システムや機器によってそのほとんどが行われる。また観光目的地で観光対象に接した場合に、その観光対象からの情報（説明者等の）によってその観光効果は形成される等々、観光のあらゆる要素はすべて情報によって結ばれ、情報によって相互にその効果を高めあう関係にある。まさに「情報は観光の血液」といわれる所以である。

　情報は近年、IT技術の導入等によりその伝達手段に大きい変化、前進がみられた。第三次産業革命、情報革命などといわれる現象が平成時代に入って急速に進み始めた。このことが観光についての情報のあり方やその流通形態を大きく変える結果となった。誰でも、どこでも、いつでも観光情報にアクセスできるようになったことはそれを物語る。その結果、観光の態様、そのあり方、さらに観光のニーズ等も大きく変化してきた。観光地の盛衰も激しくなり、また観光産業のなかにも経営改革の遅れたところの撤退、統合が進む等、この面でも情報革命が影響しつつある。このような情勢に対応するため、観光そのもののあり方も高付加価値の、物心両面にわたる充実した観光とするために大きい変革にせまられているといえよう。観光と情報の関係を分析することによって、また、その視点から観光の将来のあり方を考え直す動機としたいと考える。

Ⅲ 観光の"かたち"(構造)

主な観光情報関連図

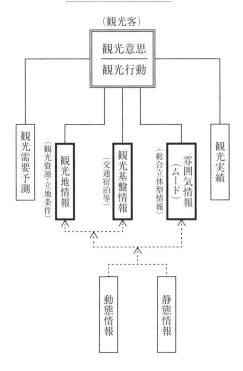

Ⅲ－3－10. 観光基盤―観光情報(情報(源)の変化)

　平成10年代に入るとIT技術の発展普及はさらに急速に進み始め、都市ではほとんどの成人の人は何等かの情報端末を持つようになった。

　観光は情報によって進むものであるが、このように情報受発信面(特に個人の場合)での急速な変化は観光推進に大きい影響をもたらす。即ち、それまで観光しようとする人は観光情報のほとんどをマスコミのほか、旅行会社の店頭か、あるいは市販のガイドブック、あるいはクチコミ等から得ていた。この状況がわずか数年の間に一変した。即ち、図に示すようにインターネット利用が急増した。その反面、他の情報源、特にガイドブックやパンフレット等の紙媒体によるものが少しずつそのウェイトが減少するようになった。このため図のように増勢の一途を辿ってきた、今ひとつの情報源である旅行会社の登録件数の増加がストップし、逆に逐年減少の傾向に転じたことも情報源の推移を示している。

　この変化は平成10年代に入ると加速し、その後も続いている。しかも、映像を伴う情報までいながらにして得られるようになり、マスコミの観光情報に果たす役割も変わりつつある。

　旅行会社は従来の情報提供内容・方式を再検討し、店頭でなければ得られないようなキメ細かい詳細な情報提供に努めるとともに、商品造成力の強化(旅行会社ならではの商品)、観光志向の人々への観光コンサルタントとしての機能の充実が進んでいる。またコンピューター等での提供情報についても質的充実とともに安全情報、気象情報と連携したオンラインならではの情報提供等も求められる。今後、旅行会社も総合情報商社に脱皮することがまさに急務といえよう。

Ⅲ 観光の"かたち"(構造)

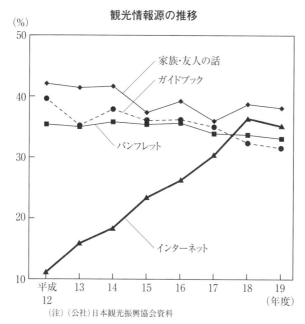

観光情報源の推移

(注)(公社)日本観光振興会資料

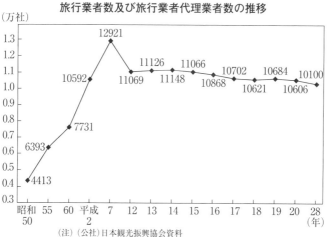

旅行業者数及び旅行業者代理業者数の推移

(注)(公社)日本観光振興会資料

Ⅲ－3－11. 観光基盤―観光法制

　国は「観光立国」を旗印に掲げ、重要な国策として観光推進に取り組んでいる。このため観光推進のいわばソフトの支援基盤として観光政策を推進するための観光法制の整備が求められている。

　図のように国の観光にかかわる基本姿勢、政策の方向を示す「観光立国推進基本法」を中心とした観光の法体系が構築されてきた。交通、観光施設等の観光等へのサービス展開を支援するための法制群がそれである。どの法規にも共通する理念としては、①観光にかかわる安全、安心を確保すること、②観光にかかわる関係機関の役割分担を明示すること、③観光にかかわる関係者(団体)の権利義務を明確にすること、④観光資源等の保全、保護を図ること、をその目的としている。そして、それらを受けて観光くにづくり、地域づくりのため「観光圏整備法」も定められるに至った。

　法体系の中心をなす「観光立国推進基本法」は、昭和38年オリンピック(東京)開催を目前に制定された旧「観光基本法」が改正されたものである。「基本法」の名の示すように国の重要政策にかかわる国としての(観光への)基本姿勢、施策の基本を定めたもので、この法律の制定によって観光が国の重要な政策として取り上げられることが明示された。因みに「基本法」の名を冠する法律は「教育」「労働」等限られており、観光も同レベルで強力に推進することを国が内外に示した画期的なものであった。この基本法は今次の「観光立国」政策の展開にあたって全面改正され、「立国」「推進」の4文字が挿入され、国の観光推進への決意があらためて表明されることとなった。

III 観光の"かたち"(構造)

観光にかかわる主な法規

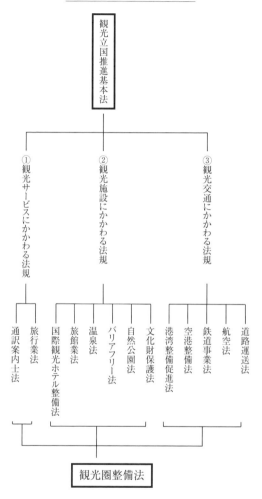

Ⅲ－4．観光資源（観光対象）

　観光構成要素のひとつで観光対象、即ち観光行動の目的となるものをいう。前述のように観光客が観光の①意思をもって日常生活の場を離れて観光地（観光対象の所在地）へ赴き、②観光対象にふれ、そこから一定の効果を得たとき、③その対象がその観光客にとって「観光資源」となる。本稿では多くの人々にとって観光資源として認知されるとみられる観光対象を一般的に用いられている用語に従って観光資源と表現している。

　観光資源は幅広く、しかも多岐にわたるが、後述のように自然景観、歴史文化の二つの分野にまず大別される。資源は「観光の対象となるものから観光施設を除いたもの」とするのが通説であるが、本稿では前述のように観光施設は観光（支援）基盤として区分している。近年この（支援）基盤を構成する観光施設でもある宿泊施設（ホテル、旅館等）やアクセス手段の交通機関（船舶、列車等）が同時に観光資源ともなる現象が進み始めている。この場合、当該施設等は資源、基盤両面からその位置づけを考える必要が生じてきた。

観光資源の特長

　観光資源は、当初から観光を目的としてつくられたものは少ない（テーマパーク等を除いて）。自然に、また人の手によって他の目的のためつくられたものが人々の観光意思による観光行動の対象となり、そこから効果を得て観光資源として認知されていくものが中心となって構成される。

　観光資源は、観光によって直接消耗することは少ない。しかし、観光資源は経年劣化が起こる（特に自然文化資源等）ものが多い。従って、資源の保全、保護と観光を両立させる努力が求められる。

Ⅲ 観光の"かたち"(構造)

観光対象は、情報によって初めて観光の対象となることが多い。情報、特に観光対象の所在する地域(着地)からの情報が観光資源の効果を高めるためには重要な役割を果たす。

観光資源の分類

以下、観光資源を自然景観、歴史文化の二大別によって分類整理する。自然景観資源は文字通り自然に存在するもので自然景観、温泉、動植物、気象等にかかわるものである。

歴史文化観光資源は人の手の加わったもの、また人の手で造成されたもので、建物、庭園、史跡、美術工芸品等がこれに含まれる。

そのうえで有形・無形の別があり、さらに個々の資源のまとまりが一体として観光資源となる「総合観光資源」－公園、社寺、博物館、動植物園等がある。また観光手法によっては都市、農村そのものが全体としてひとつのまとまった観光資源として把握されることもあり、この場合は「複合観光資源」として考えることとする。

Ⅲ-5. 観光資源の体系

　観光資源は近年、観光基盤の資源化という新しい現象も受けてより幅の広い場においてその存在が認知されるようになってきた。極端な場合、「何もない」ことさえも観光資源になるという現象さえ起っている(秘境駅等)。それは非日常的体験を伴う「観光」において周囲に様々なモノ・コトがありすぎる都市の住民にとっては「何もない」ことが非日常的であり、かえって斬新なイメージを与えるからである。このため観光資源(対象)の概念を再検討しなければならないときがきたように思われる。

動機と形態推移
観光の認知経緯

時代区分	観光の動機	観光の形態
古代から中世	未知へのあこがれ(本能的) 交易、生活行動のなかから 文献(万葉集、風土記等)の影響	本能から観光意思の発生 限られた人の観光 訪問(見物)、温泉観光中心
中世から近世	宗教活動(参詣、遍路、修行)から 山岳宗教(登山、礼拝)への志向 道路、宿駅制整備	宗教行動(途上観光) 庶民観光の普及 観光資源の開発、認知 観光行事の展開
幕末から明治以降	開国(外国観光の影響) 国策(国際観光)による発展 教育への導入 生活環境の近代化 観光地の整備(交通、宿泊も) 　　　(国立公園等制定)	国際観光への参入 文化・経済活動として普及 生活慣習への組み込み 新観光資源認知 観光の広域化
戦中戦後	観光の自粛、禁止 観光施設の機能停止	観光の空白期(敬神宗祖の旅、体位向上への旅を除く)
現代	国際交流の復活、盛行 経済高度成長実現 アクセス(道路、空港、鉄道)整備 資源保護(重視)施策推進 オリンピック、万国博開催	観光の大衆化(観光ブーム) 観光形態の変化(ニューツーリズム等) 　　　　　　　(テーマ別観光) 国際観光の進展
今後	環境(自然)保護の動き リゾート開発 観光立国政策	観光年齢層のひろがり 広域観光、国際観光へ 世界大交流時代へ

(注)自然、歴史文化両観光資源共通の経緯を示す

Ⅲ 観光の"かたち"(構造)

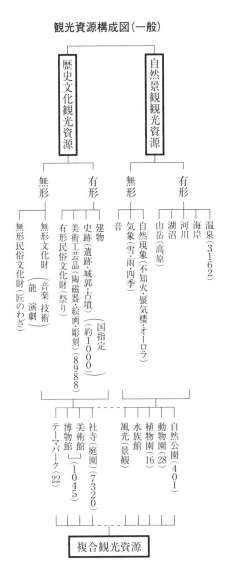

観光資源構成図(一般)

Ⅳ 観光のリニューアルへ －"新しい観光"－

　観光(資源)のマンネリ化を防ぎ、観光客のリピーター(再訪問)増加への対応に努めるとともに、さらなる観光の持続性を保つために観光資源の魅力を今後維持向上させていくことが必要である。このためこれまでの観光の反省のうえにたった今後の観光の持続・発展を期するため観光の再生－観光の"リニューアル"が求められている。このため新観光資源の開発、現存観光資源のみがきあげとともに、観光資源にふれる観光客の①視点をかえること、②観光の手法を変えること、③観光資源を相互連携させ、その補完・相乗効果を発揮させること等の観光行動面での工夫により、観光資源から新しい魅力を引き出すことが必要と考えられる。即ち、観光リニューアル"新しい観光"の展開がそれである。

　"新しい観光"はすでに各地で展開されつつある。その態様と現況を以下にまとめてみた。

Ⅳ－1．観光リニューアル"新しい観光"の動機(1)―観光のかたちが変わる

　国内観光の低迷は主要観光地で深刻で、特に伝統的観光資源所在地に多くみられる。

　近年、次ページの図からみられるように観光のかたちの変化が急速に進んでいることに注目を要する。即ち、従来の団体、特に大型団体観光への参加希望(ニーズ)が急速に減少している。一方、一人旅、小グループ観光へのニーズが逆に高まっていることがわかる。情報化時代を迎え、人々が誰でも簡単に観光情報に直接アクセスできるようになったため、観光へのニーズ、内容も次第に人により異なるようになり、従来の画一的情報による同一志向の観光、即ち団体観光から個人の志向を中心とした観光への変化が目立ってきた。従って、多様な観光メニューを用意する必要があり、そこに観光のリニューアル"新しい観光"の展開が期待される。

　アンケートによっても、上の図のように温泉観光へのニーズは依然として高いものの様々な体験、学習型観光へのニーズがほとんどを占めていることがわかり、観光地(温泉地でも)でこれらのニーズへの対応が急務となってきている。

　観光リニューアル"新しい観光"はこのような国内観光をめぐる背景の変化からも急務となってきた。即ち、観光のかたちの変化、さらにニーズの変化を受け止め、ないしは先取りする勢いで観光の再生が求められている。

Ⅳ 観光のリニューアルへ－"新しい観光"－

希望する観光のかたち

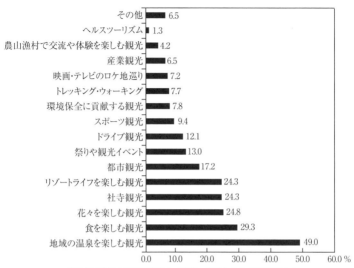

(注)(公社)日本観光振興協会「観光の実態と志向」(第35回)より

観光(旅行)参加形態の推移

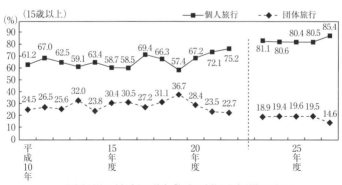

(注)(公社)日本観光振興協会「観光の実態と志向」(第35回)より

Ⅳ−2．観光リニューアル"新しい観光"の動機(2)―修学旅行のかたちも変わる

　日本修学旅行協会の調査によると、修学旅行の実施率はきわめて高率で、中学校では96％に達しており、高校、小学校でも90％以上とみられている。修学旅行でも従来の見物(観光)型中心の旅行内容は近年急速に変化している。

　①修学旅行の本来の目的達成のための学習観光のウェイトが増加しており、例えば歴史学習中心に構成したという学校が50％に達している。

　②体験型観光の実施率も上昇しており、60％が実施している。伝統工芸、スポーツ、料理、陶磁器制作、農漁業体験等を旅行内容とするものが多い。

　③特に目立つのは行動内容の変化である。往復の交通手段(バス、列車等)利用と、宿泊までは集団訓練という見地から従来通り団体行動として進める。しかし、宿泊後翌日の見学等については自主行動方式(分散学習ともいう)をとり、いくつかの小グループにわけ、地図を与えて終日自由行動をして、後日見学のレポートを提出させたり、行動報告の場を設けて情報を交換する方式である。そのような分散学習の実施率は急速に高まっており87％に及んでいる(以上数値は平成28年度の全国中学校1万404校のなかから3000校を抽出して回答を求めたものである)。

　一般の観光行動も最近の情報へのアクセス手段の発達に伴い、急速に団体から個人、小グループ旅行に変化しつつあるが、修学旅行でも同様の現象が急速に進みつつあるといえよう。新しい観光へのニーズはこのような若年層の観光でも高まりつつある。

Ⅳ 観光のリニューアルへ − "新しい観光" −

修学旅行で重点をおいた活動（分類別）の件数

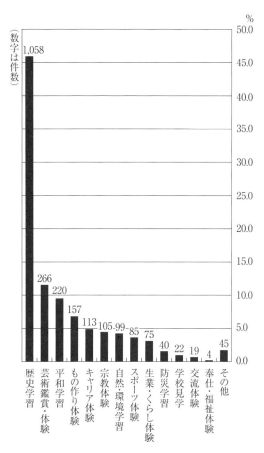

(注)日本修学旅行協会の資料（平成28年調査）による

Ⅳ－３．観光リニューアル"新しい観光"の動機(3)──外国人客のニーズも変わる

　従来、外国人観光客の日本観光へのニーズは、日本の祭り、風俗、習慣、日本の美しい景色等を味わうことであった。いわゆる"フジヤマゲイシャ観光"と言われたものもそれである。

　しかし近年、日本を訪れる外国人の観光動機、即ち、日本でみたいもの、味わいたいものが急速に変ってきた。表はJNTO(日本政府観光局)等による訪日動機の調査で上位10位までを国別に表示したものである。日本人の生活見聞・体験(日本の一般市民の間に根付く伝統的な庶民文化にふれること)を望むものが上位を占め(これはアジア人のみならず米国人も同様である)、また「日本食」「買物」等が上位に入ってきた。

　さらに日本の産業技術にふれるもの(ここでは「産業観光」と「日本の近代ハイテク」の２項目にわかれる)が上位を占めていることに注目したい。

　この結果、日本の都市観光、街道観光、産業観光に関心が強いことがわかり、まさに観光リニューアル"新しい観光"の必要性を物語っている。

　外国人観光客のうち近隣諸国からの人々は日本人と共通の文化基盤の上にたつ国が多いため、日本の文化、なかんずく特産品、日本食等自国人とルーツをともにする諸分野を日本でみつめ直したいとの欲求が大きくなったことによるのではなかろうか。また欧米人の場合も日本訪問のリピーターがオリンピック、２度の万国博後に増えてきていることから、従来あまり欧米人に紹介されなかったような(伝統的な)ものについての観光ニーズが高まったものとみられる。このことも"新しい観光"へのニーズとなった。

Ⅳ 観光のリニューアルへ－"新しい観光"－

訪日外国人の訪日動機ベスト10

	1位	2位	3位	4位	5位	6位	7位	8位	9位	10位	
全体	日本人の生活の見聞・体験 25.6	日本食 22.4	買物 19.6	日本への憧れ(夢・好奇心) 14.5	自然・景観地 14.2	歴史・町並み・建造物 13.5	日本の近代・ハイテク 13.1	リラックス・温泉 12.6	伝統文化の見聞・体験 11.4	産業観光 5.8	
韓国	日本人の生活の見聞・体験 24.1	日本への憧れ(夢・好奇心) 22.9	日本食 20.4	リラックス・温泉 20.1	買物 15.0	歴史・町並み・建造物 12.2	日本の近代・ハイテク 11.6	伝統文化の見聞・体験 11.0	産業観光 8.7	自然・景観地 6.7	
台湾	自然・景観地 33.5	買物 32.6	リラックス・温泉 25.7	日本人の生活の見聞・体験 22.4	日本食 17.4	日本への憧れ(夢・好奇心) 13.9	日本の近代・ハイテク 13.8	伝統文化の見聞・体験 11.3	歴史・町並み・建造物 10.7	テーマパーク	(11位産業観光 5.6)
中国	日本の近代・ハイテク 27.0	自然・景観地 16.2	買物 15.7	日本人の生活の見聞・体験 11.7	日本への憧れ(夢・好奇心) 10.1	産業観光 9.9	リラックス・温泉 9.4	日本食 8.9	伝統文化の見聞・体験 8.5	歴史・町並み・建造物 8.5	
香港	買物 55.9	日本食 41.6	リラックス・温泉 28.6	日本人の生活の見聞・体験 21.0	自然・景観地 17.2	日本への憧れ(夢・好奇心) 13.0	日本の近代・ハイテク 10.1	伝統文化の見聞・体験 7.6	歴史・町並み・建造物 7.1	テーマパーク 7.1	(14位産業観光 2.1)
米国	日本人の生活の見聞・体験 30.4	日本食 26.3	歴史・町並み・建造物 19.3	買物 13.0	伝統文化の見聞・体験 12.3	日本への憧れ(夢・好奇心) 11.6	自然・景観地 10.8	日本の近代・ハイテク 8.8	博物館・美術館 4.6	リラックス・温泉 4.1	(12位産業観光 3.2)

> ＊調査項目は、日本への憧れ(夢・好奇心)、買物、日本人の生活の見聞・体験、日本食、伝統文化の見聞・体験、歴史・町並み・建造物、日本の近代・ハイテク、産業観光、日本語学習、祭り・イベント、避暑・避寒、温泉、博物館・美術館、趣味・関心事、自然・景観地、映画・ドラマ等、スキー、ゴルフ、他のスポーツ、テーマパーク、その他・不詳の21項目
> ＊「その他・不詳」については、上位10位にカウントしていない

(注1)「JNTO訪日外国人旅行者調査2003-2004」により社会経済生産性本部作成の資料による
(注2)調査年次がやや古いが、その後この種調査が行われていない

[コラム]

外国人観光客の受入への「懸念」を「杞憂」に

　2020年4000万人(2030年6000万人)の外国人客を受け入れることが国の目標であるが、このためには日本人が国際人としての自覚を持つこと、そして外国人に対する"ガイジン"意識を捨て、もてなしの心を持って彼らを迎える、いわば「心の開国」が必要である。それには次のような努力が前提となる。

・距離(遠方)感の除去　時間距離は航空の発達でかなり克服されたが、ソフト面での距離(行きにくい国)感が残る。入国審査の時間短縮(国の目標・一人20分以内)、ビザ発給要件緩和等の入国手続き見直し、空港へのアクセス時間短縮、二次輸送の整備等が距離感克服のために求められる。

・(観光物価)割高感の除去　観光産業(特に旅館等)に残る古い商習慣(1泊2食付契約等)の見直し、観光産業の経営改革によるコストダウンへの努力等が必要である。

・不安感　土地不案内な外国人にとって言葉の障害による観光への不安は根強いものがある。多言語表示(案内)の徹底、日常会話の習得(受入側も、外国人側も)努力、IT技術活用による通訳案内システム、Wi-Fi拠点の整備など、ハード・ソフト両面にわたる対応が求められる。特に災害時の外国人客の保護・誘導対策に万全を期すべきである。

　逆に、受入側(日本人)の持つ外国人客受入への懸念除去への努力も必要である。

・生活習慣　行動(マナー)相違による不安を除去するため外

Ⅳ 観光のリニューアルへ－"新しい観光"－

国人に日本のそれを十分説明すること、設備面の改良も必要である。
・意思疎通の不円滑への不安除去　外国人の懸念除去と同じ努力が必要である。

　大切なのは受入側のもてなしの心を持った温かい接遇への努力にあるのではなかろうか。

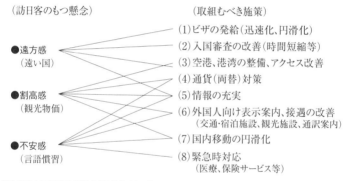

(注)観光立国戦略会議資料(筆者作成)による

Ⅳ-4. 観光リニューアル "新しい観光" の体系

　従来の自然景観観光、歴史文化観光の二つの分野(分類)からさらに進んで、近年の観光ニーズに対応し様々な角度から観光をリニューアルしようとの動きが先述のようなニーズの変化を受けて国の「観光立国」政策の展開とともに始まった。各地、各団体、さらに国、地方自治体等が取り組み始めたこれらのリニューアルメニューを本書では "新しい観光" の名のもとにとりまとめ、そこに筆者の提案も加えて以下順次述べていく。"新しい観光" の体系は図の通りと考える。

　テーマ別(総合)観光

　新観光資源の開発がさらに多くの観光客誘致のために求められている。しかし、それには限度がある。そこでこれまでの観光資源に接する観光客の視点をかえることによって在来の資源から新しい魅力、知見を引き出そうとする提案の第一が「テーマ別観光」である。即ち、一定のテーマにしぼってその角度から観光資源を見つめ直し、ふれ直すことである。

　第二に、観光手法を変えて資源に接する、いわゆる(行動型)ニューツーリズムといわれる体験、学習型観光がそれである。

　第三に、従来、観光に付帯していたもの、ないし一定の観光のかたちができていたものを新しい発想にたって独立のジャンル(分野)にまとめかえる伝統型観光の新展開が "新しい観光" の内容となる。

Ⅳ 観光のリニューアルへ－"新しい観光"－

"新しい観光"の体系（例示）

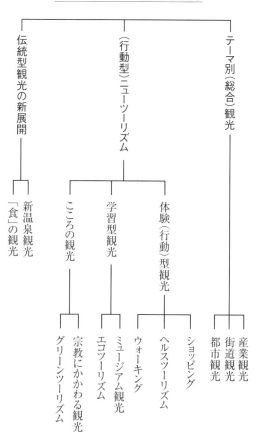

Ⅳ－5．観光リニューアルへ "新しい観光" の展開
―ニーズを施策へ―

　観光地側からも従来の観光を観光客、観光地の新しいニーズに応えて再構成しようとする動きが目立ってきた。このような動きをまとめて整理すると右図のようになる。即ち、図のように関係機関や観光地相互間が連携して観光に取り組み、全体として大きい国民運動にまで高めていかなければならない。施策展開は次のような点に重点をおいて進められるべきであろう。(具体例は次項以下)

　第一に国民参加、国際交流を念頭に、国全体の、またグローバルな動きとしてその幅を広げていくことである。それには観光への正しい理解が前提となり、観光客のニーズをキメ細かく分析し対応することがその原点となる。

　第二に施策の柱づくりである。「観光資源」を量質ともに充実させること、「観光産業」を改革、効率化し、その経済効果を適確に受け止めること、即ち観光の経済面での競争力を強める必要がある。そのために基盤となる「観光インフラ」(基礎施設)等の整備、強化を図ることが求められよう。

　具体的施策としては、①資源整備にあたっては地域ブランドづくりとともに、他観光地と連携して、②ネットワークを構築すること、また新しい視点、手法による、③「新しい観光」(ニューツーリズム)を地域の特色を活かして展開すること、④着地型観光による地域活性化等が考えられる。そして休暇制度改革、交通・宿泊等のハード面と情報諸制度など、ソフト面のインフラ整備を図ることが施策を支える。これらの施策が地域のもてなしの心に支えられ、広域的(国際的)に展開されるとき、文化の創成発展、経済活性化、国際交流が実現する。

Ⅳ 観光のリニューアルへ－"新しい観光"－

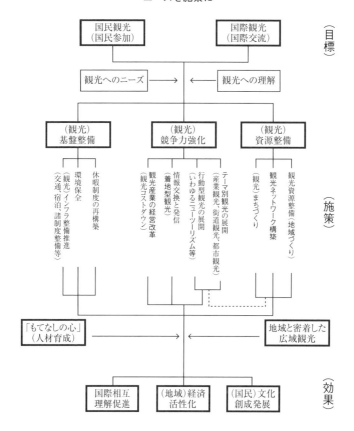

Ⅳ－6．（ケーススタディ）"新しい観光"の展開例
Ⅳ－6－1．テーマ別観光（1）―産業観光

　"新しい観光"のケーススタディとしてテーマ別観光のあらましとそのまちづくりとの関連を以下に説明していく。

　近年、産業近代化（輸出拡大、国際交易発展）等により国民のものづくりへの関心が高まってきた。また日本と貿易取引の大きい諸国の人々も日本産業に強い関心をもつようになった。この結果、内外の人々の間でそれらの生産の原点にふれたい（工場、製品を現地で見たい）等の、いわば"ものづくり観光"へのニーズが急速に高まってきた。企業、産業の所在するまちの市民の理解のもと、歴史的・文化的価値のある産業文化財（遺産も）、工場・工房訪問、産業製品にふれる等の、いわゆるものづくり観光－「産業観光」への関心が高まってきた。そして、これらの観光のメニューには「みる」ことだけでなく、「学ぶ」と「体験する」の要素も加えた三位一体の観光として展開することが求められたのである。

　平成17年、日本（愛知県）で万国博が開催された。ものづくりの地域、愛知の特色を活かして域内の産業博物館、資料館、会場付近の工場・工房の公開（体験を含む）を内容とする「産業観光」を万国博会場のいわば場外展示場としたところ多数の観光客が訪れた。これを動機に「産業観光」推進は国の観光施策にも取り入れられ、全国的に展開されるようになった。日本観光振興協会の調査によると、平成28年の産業観光施設への入場（観光）客は約7000万人に及ぶと推定される。産業には1～3次各産業を含むので、各地で農業体験観光、漁業体験観光も含む幅広い「産業観光」が急速にその輪を広げつつある。そしてこの動きが新しいまちづくりにつながり、後継者育成にも寄与しつつある。

Ⅳ 観光のリニューアルへ－"新しい観光"－

産業観光（施策展開図）

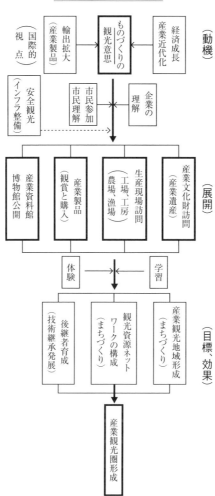

[産業観光の観光資源]

「産業観光」は「みる」「学ぶ」「体験する」の三要素を備えた観光である。近年、急速に高まってきた観光客の学習観光への、また体験(行動)型観光へのニーズを満たすための観光として外国人、(団体)、中高年観光客等を中心に関心が高まりつつある。「産業観光ツアー」「産業観光ウォーキング」など「産業観光」を中心とする観光商品、観光パターンも急速に普及している。

観光資源の具体的内容をニーズ別に整理してみると図の通りである。

最近の傾向としては従来、観光資源へのアクセスとなる交通機関等、いわば観光への手段であったものが産業観光資源化し、しかも大勢の人々の関心を集める新観光資源として定着しつつあることが指摘される。即ち、「観光列車」「クルーズ船」等がそれで、交通手段から列車、船舶利用そのものが交通(第3次)産業観光資源となって多くの観光客を集めている例が各地で見受けられる。

今ひとつの方向としては、従来、観光対象と考えられていなかったものが、マスコミ等の情報を機に産業観光資源となるケースである。東京築地市場の「マグロのせり」等がそれである。いつの間にか外国人観光客が見物に訪れるようになり、今ではシーズンには入場規制を必要とするまでの盛況になった。これも新しい第3次(商業)産業観光資源の発掘である。このように情報を媒介として「産業観光」はその幅を広げつつあり、大きい、新しい観光分野にまで発展してきた。

Ⅳ 観光のリニューアルへ－"新しい観光"－

産業観光(観光資源)

- 工場(事業場)工房 — (訪問)体験学習
- 交通運輸 観光列車 クルーズ船 保存車両 — 利用(移動)体験
- 漁業観光(漁場・海浜・漁港) — 体験学習
- 農業観光(田・畑・山林・牧場) — 体験学習
- 産業文化財 博物館 資料館 — (訪問)学習
- 産業遺産(世界遺産) — (訪問)学習
- 市場 商店(街) — (訪問)体験

中心：産業観光

[産業観光のビジネスモデル]

　観光を持続的なものとして発展させるには、ビジネスモデルを構築し、そこに資金の循環を起こす必要がある。

　「産業観光」のうち、制作体験などのように観光にあたって指導を受けたり、物品販売・購入等を内容とする分野ではビジネスモデルが構築しやすい(農漁業観光、作陶体験観光等)。しかし、多くの場合、観光資源(対象)保有者と観光による収益の帰属先とが異なるのでビジネスモデルの構築が難しい。例えば工場見学はこれまで企業PRないし企業文化活動として行われてきたものが多く、無料が原則であった。また「産業観光」は情報依存度が高いが、無形の情報に対価を支払う慣行が育っていないために、この点からもビジネスモデルは成立しにくい状況にあった。

　しかし「産業観光」に観光客が参加した場合、資源(工場等)保有者には直接収益がない場合も、資源の存在するまちには当該観光客による収益はもたらされる(宿泊代、食事代、買い物等)。そこで何らかの観光推進のしくみ(実行委員会、コンソーシアム等)をつくり、そこでまちの「産業観光」にかかわる収益をプールし、そこから資源保有者にも収益を配分する方式が成り立てば、地域全体としてはビジネスモデルが成り立つ。また工場等見学のあと、製品を直売したり、試食したりできるような業種では、その収益で経費をカバーできる場合も多い。「産業観光」はこのように業種、場所、観光の実態によって、それぞれにふさわしいビジネスモデルを考えていく必要があろう。

Ⅳ 観光のリニューアルへ－"新しい観光"－

産業観光ビジネスモデル(例)

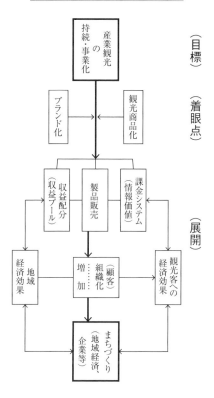

[コラム]

「産業観光」とまちづくり

　産業はまちをつくる。また産業はまち(人口と社会的機能)の集積あってこそ成り立つので、産業とまちづくりには特に密接な関係がある。「産業観光」の推進について有識者による「産業観光推進会議」(事務局・日本観光振興協会、座長、福川伸次氏)では、その意見書のなかで図のように「産業観光とまちづくり・まちづかい」と題して「産業観光」とまちづくりについて提言している(まちづかいとはまちを産業観光事業等に活用すること)。

　これまでも産業はまちに繁栄をもたらしたが、なかには生産優位で進めたため市民生活の一部を犠牲にしたり、まちのもつ伝統的なよさ、ないし景観、環境等をこわしてきたところも見受けられた。「産業観光」によって産業活動、施設そのものを観光資源とすることにより、同時にまちの基盤整備が進み、これを通じて産業立地とよりよい住民生活(住みやすい暮らしの実現)とを両立させ、この両者を好循環に結びつけることができる。即ち「産業観光」による「住んでよし、訪れてよし」の観光客を迎えるに足るまちづくりである。

　「産業観光」は別記のように多くの関係者の幅広い連携が必要である。特に観光資源の所有者と産業観光で受益するものとが異なる場合が多いので、まち全体としてそれらを調整し収益の共有を図る必要もある。このため多くの場合「産業観光」を持続的観光とするためにもそれぞれの地域に何等かの推進組織(しくみ)が必要となる。このしくみづくり活動そ

Ⅳ 観光のリニューアルへ－"新しい観光"－

のものが、まちづくり活動に直結する。即ち「産業観光」を進めるための関係者の幅広い連携と協働が、即その地域のまちづくり活動の原動力となる。このように「産業観光」の推進、即まちづくりという関係をつくり出すことが期待される。

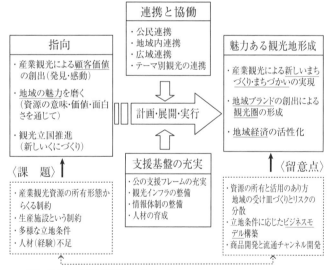

(住んでよし、訪れてよしのまちづくり)
産業観光とまちづくり・まちづかい(展開図)
「産業観光推進会議」第2次報告書から

(注)(公社)日本観光振興協会の資料による

[コラム]

"大規模"複合観光資源－琵琶湖疏水(大津市、京都市)－

　東京遷都のあと衰退した京都を近代都市として再興を図るため、当時の京都府(知事、北垣国道)が企画し、国が採択、国家プロジェクトとして「琵琶湖疎水」を建設することになった。琵琶湖面と京都市の間にある標高差約40mを活かし、まず大津・京都両都市間に約10kmの水路を掘削し、通水と運河に供しようとするものであった。この「水」を活用して舟運、水力発電、市内電車(日本最初)運行、上水道水源、産業用水、さらには京都市内に多い大庭園(名勝指定のものも)群への通水等、多目的に利用しようという大総合プロジェクトである。明治23年にはすでに大部分が竣工、図のように沿線には多くの施設がつくられ、その一部はすでに遺産となっているものもある。現役施設の見学、体験等をあわせて一大観光資源群となって、多くの観光客を集めている。

・産業観光資源　　疏水運河全線(大津～京都伏見間)、水力発電所(日本最古、3カ所、旧建屋も現存)、浄水場(数カ所)、インクライン(舟の上下移動のための傾斜鉄道)、舟溜まり(跡)、閘門(跡)、水路閣(レンガ造りの高架水路)、日本最古の長大トンネル(逢坂山)、立坑(跡)等

・街道観光資源　　哲学の道、岡崎公園付近の沿岸道路

・歴史文化資源　　大庭園群(疏水からの引水)、舟運の復活(大津～京都間、京都市の一部ではすでに復活)

・景観観光資源　　桜名所(沿岸の計画的な桜植林による)

　このように東山一帯の京都の観光は、ほとんどが疏水観光

Ⅳ 観光のリニューアルへ－"新しい観光"－

に関連するといっても過言ではない。このような複合資源の集積は全国随一といえよう。平成30年3月から60年ぶりに大津(三保ヶ関)と京都(蹴上)間の舟運が復活、新しい観光資源として人気を呼んでいる。また下流の南禅寺船溜～夷川船溜間は季節運行の観光船が、また伏見区内では派流も活用して観光船が復活している。この間に生じる高低差を克服するためのケーブルカー方式で舟を載せた台車を上下させる約600mのインクライン(跡)も静態保存されている。インクラインを復元運行し、上下の舟運を結びつけてはとの要望も強い。もし実現すれば、日本随一の"大"複合観光資源はさらにその「光」(厚味)を増すものと期待されている。

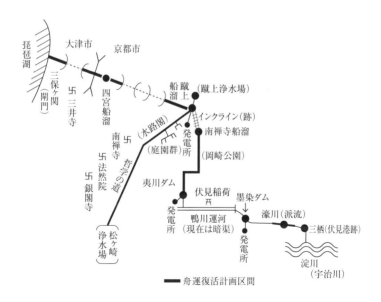

Ⅳ−6−2．テーマ別観光(2)—街道観光

　図は「街道観光」の施策展開図である。街道(みち)は人間の交流手段でありその場として発展してきた。その街道を歩き、交流の原点にふれるとともに、街道からの景観、街道に培われたまちなみや街道周辺に形成されてきた文化を訪ねることによって、人的交流を図る「観光」が「街道観光」である。近年、TVドラマの影響か各地で歴史への関心が高まり、その舞台となった地域、古街道を訪れたいという観光への欲求が増してきている。また江戸時代初期に設定された主要街道宿駅制が相次いで開設400周年（東海道53次、中山道67次等）を迎え、みちあるきの機運が急速に高まった。道路整備が進み各地のバイパス完成、歩車分離等によって旧街道が歩きやすくなったこともあって、各地で「街道観光」が盛んになった。

　みち(街道)を通行(あるき、場合によっては自転車、自動車でも)し、街道からの景観を味わい、街道沿いに形成されたまちなみの美しさにふれること等を通じて街道文化を訪ねる、この観光では観光客の目線と沿道住民の目線が合う。これによって、そこにコミュニケーションが生まれるという効果も期待でき、そのなかから観光による学習効果、体験効果が得られる。また街道はまちとまちを結ぶものであるから、「街道観光」を通じて観光地同士が結びつき、広域観光の動機となることも期待される。このような効果の大きい「街道観光」促進のためには、歩ける(通りやすい)みちづくりがまず必要であり、さらに「道の駅」など交流のひろば造成等、その基盤充実が求められる。

　　(注)「街道」とは「海道」に由来する。沿道に集積された文化を含み「道」より広い意味で使われる表現である。

Ⅳ 観光のリニューアルへ－"新しい観光"－

街道観光（施策展開図）

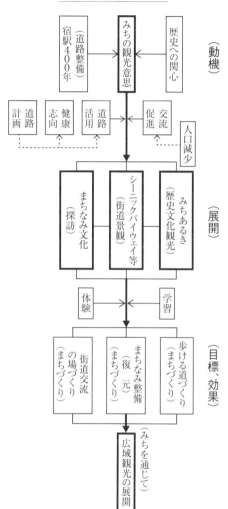

[街道観光の観光資源]

「街道観光」の観光資源も「みる」「学ぶ」「体験する」の三大要素を備えたものがほとんどである。

観光対象となるものは、「道(沿い)の〇〇」「道からの〇〇」「道そのものもしくはそれに付帯した〇〇」の三つに分かれるが、その内容別に整理してみた。

「道沿い」の観光では、まちなみ(商店街を含む)、宿場まち、宿場(跡)等、道の歴史的遺産ともいうべきものと、一里塚、道祖神、灯ろう(照明具)、道の駅等のような通行支援施設にわかれる。このうち「道の駅」は通行者の休憩、食事等の必要から設けられた通行支援施設の現代版であるが、人気をよび、地域と観光客ないし観光客同士のふれあいの場ともなり、文化的な役割も担う街道施設に発展してきた。

「道からの」観光では街道からの景観が大きい観光資源となる。国が主導している「シーニックバイウェイ」(街道からの景観のすぐれた道を指定するもの)等がそれである。

また「道そのもの」の観光では、道、特に高速道等に近年みられる構造美である。道の駅、美しいアーチ形橋梁、インター等の立体交差のデザイン、トンネルポータルのデザイン、分離帯・インター付近などの緑地帯等の道路施設そのものの景観もひとつの観光資源となり、写真撮影に訪れる人も増えているという。そして極めつきというべきは道そのものを味わう「みちあるき」であろう。街道(みち)を歩き往時を偲び、それを通じて街道の文化を探るという独特の効果をもたらす「街道観光」は、健康志向もあって観光客も増え、宿場間ウォーク等の観光イベントが催されることも多い。

Ⅳ 観光のリニューアルへ－"新しい観光"－

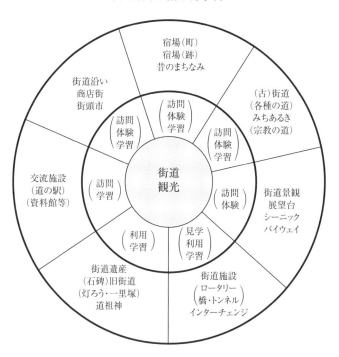

[コラム]

「街道観光」とまちづくり

　観光は新しいまちづくりのために進められなくてはならない。また、まちづくりあっての観光という相互補完の関係にたつ。その典型的な例が「産業観光」とともに「街道観光」であろう。

　図に示すように地域づくりに「道」は古くから大きい役割を果たしてきた。また「道」を通じてまちは互いに結びつき、地域を、また国を形成していった。「街道観光」に多くの人を集めるにはその沿道ないし街道自体のみがきあげ（整備）による観光価値—情報価値を高める努力がその出発点になる。この努力が、即まちづくりの努力に他ならない。また「街道観光」を推進するには当然「街道」の整備と、その交通を円滑化するため、他モードとの交通結節点（ターミナル、駐車場等）整備とその情報発信が必要である。この努力もまちづくりの基盤づくり（インフラによる）となる。

　これらの努力は道路の性格上公民の協働連携によって進められるものであり、さらにいうならば地元（着地）の人々とそこを訪ねる観光客の交流（街道観光による）への気持ち（意欲）の存在がその原動力となる。そして、その結果生じた交流人口の増加がさらなる観光（交流）基盤の強化につながり、その循環を通じてまちづくりは大きく発展していく。このような過程を経て進むまちづくりをさらに効果的なものとするため地域ブランド（みちのブランド化も含めて）の明確化、まち自体のみちを介しての機能の集積と効率化への努力が求められ

う。そして、街道交流で結ばれる他都市、他地域との間で適切な役割分担関係を構築するとき、まちづくりはさらに広域的な地域づくりへ、そしてくにづくりへと発展していくことであろう。「街道観光」、即「まちづくり」たる所以である。

「街道観光」とまちづくり展開図
(住んでよし、訪れてよしのまちづくり)

(連携と協働)
・公民連携
・観光客と地域住民
・広域(地域)連携

(指向)
・街道観光による観光資源の発掘再評価
・地域の魅力をみがく
・観光を通じての地域づくり

計画、展開、実行

(まちづくり)
・地域ブランドの明確化
・交流による地域経済活性化
・まちの機能見直し
・町の役割分担再構成
　(まち同士のネットワークづくり)

(支援基盤整備)
・道路整備
・交通結節点整備
・情報発信

[コラム]

「街道構光」 中山道、東海道(岐阜県、愛知県の取組み)

　観光が庶民に普及したのは江戸時代、それは神仏詣の旅から始まり、中山道、東海道は旅人で賑わい宿場も盛況となる。そして自然に庶民が道あるきで旅を楽しむ「街道観光」が盛んになっていく。長い歴史をもつみちあるき(街道観光)を本格的に復活する動きが出てきたのは平成10年頃、東海道が、次いで中山道が宿駅制創始400周年を記念して沿道各宿場(跡)で様々なイベントが開かれた頃からであった。

・中山道－岐阜県下には馬籠から今須宿まで17宿がある。県と観光団体、各市町等が宿場まちを観光拠点として宿駅間を歩く中山道「街道観光」復活を呼びかけた。まず宿場、まち、まちなみの整備とともに宿場にガイドをおき道路標識を整備した。次に写真のような案内資料「歩き旅ガイドブック」を宿駅ごとに作成した。イラストで宿場間の道中案内、見どころを詳しく紹介している「街道観光」ガイドブックで観光客に重宝がられている(各宿でも配付)。

・東海道－宿駅400周年を機に東海道でも主な宿場のまちなみ整備、修景が進み、愛知県、間の宿有松ではそのまちなみが平成28年「重要伝統的建造物群保存地区」(重伝建)に指定された。また宿場間のいわゆる「街道ウォーク」も盛んになり、イベントとしても1～2宿場間を中心に各地で行われるようになった。旧宿場まちは観光拠点となり今に残る古い建物の公開・活用のほか、あらたに資料館等を開設したところもある。交通量の多い区間はバイパスの完成、歩車道分離で歩き

Ⅳ 観光のリニューアルへ－"新しい観光"－

やすい「東海道」が実現した。現在旧宿場で何等かの観光（公開）施設のあるところが37宿もあり、全宿の過半数に及ぶ。

●見どころのある旧宿駅
《東海道》

宿駅名	公開建物	資料館博物館	宿駅名	公開建物	資料館博物館	宿駅名	公開建物	資料館博物館
日本橋			18 江尻			38 岡崎		●
1 品川			19 府中			39 池鯉鮒		
2 川崎		●	20 丸子			間宿・有松		●
3 神奈川			21 岡部	●	●	40 鳴海		
4 保土ヶ谷			22 藤枝		●	41 宮		
5 戸塚			23 嶋田		●	42 桑名		●
6 藤澤			24 金谷			43 四日市		
7 平塚			25 日坂	●		44 石薬師		
8 大磯			26 掛川	●	●	45 庄野		●
9 小田原		●	27 袋井			46 亀山	●	
10 箱根		●	28 見附			47 関	●	●
11 三島	●	●	29 浜松		●	48 坂下		
12 沼津			30 舞坂	●	●	49 土山		
13 原			31 新居	●	●	50 水口		
14 吉原		●	32 白須賀		●	51 石部		
間宿・岩淵	●		33 二川		●	間宿・六地蔵	●	
15 蒲原		●	34 吉田			52 草津		●
16 由比		●	35 御油		●	53 大津		●
間宿・倉沢			36 赤坂			三条大橋		
17 興津		●	37 藤川		●			

(注)『公開建物』
　　・江戸期建築で公開（季節、曜日限定を含む）しているもがあるところ。
　　『資料館・博物館』
　　・街道沿いの資料館等（近代建築のものを含む）
　　　　国指定の歴史国道区間
　　※東海道町民生活歴史館（蒲原宿）の資料により作成

(注)岐阜県資料による（歩き旅ガイドブック等）

Ⅳ-6-3. テーマ別観光(3)―都市観光

　図は「都市観光」の施策展開図である。「都市観光」とは、「都市(まち)そのもののもつ特色、美しさ、そこに蓄積された独自の文化等を全体として味わうとともに、市民との交流を通じてまちづくりにつなぐ観光」と定義づけられる。これまでも都市は観光地と考えられる場合が多かった。しかし、それは「都市のなかにある〇〇」への関心が中心で、いわば都市内の観光スポットを訪ねるものが中心であった。テーマ別観光としての「都市観光」は一歩進んで「都市」そのもののもつ魅力、特性、美しさ等を総合的に観光資源とするもので、都市内の「点」の観光を「面」の観光に広げるものである。むしろ都市のもつ市風(雰囲気等)にふれる観光というべきものであろう。

　近年、都市への人口集中が進み、また新都心の造成、埋立地開発も多く、それらを新しい観光都市(地)として造成しようとする動きが出てきた(横浜みなとみらい、キャナルシティ博多、有明副都心等)。そのような新しいまちへのあこがれ、即ち、観光意思が多くの人のなかに生じてきた。都市も特定の場所を目的とせず、新都市(心)を訪ね、まちあるき、立寄りを通じてその空気を味わいたいという観光客が増えてきたのである。新都市のブランドが発信されたり、新しいまちなみができたり、交通・宿泊等の観光インフラが整備されたため、そこに新しいまちぐるみの「都市観光」が展開されるようになった。それを動機として旧市内にも観光客が訪れるようになり、まち全体が新しい観光都市へ脱皮する動きもみられる。

　ハードとともにソフトのまちづくりを進め、市民と観光客のふれあいから新しいまちが発展するよう努めなければならない。

Ⅳ 観光のリニューアルへ－"新しい観光"－

都市観光（施策展開図）

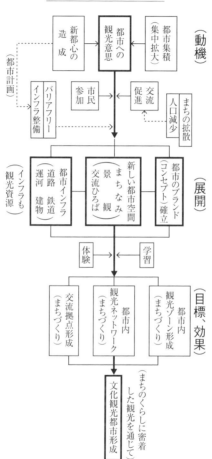

[都市観光の観光資源]

「都市観光」においても、その内容はほとんどが「みる」「学ぶ」「体験する」の三要素をもつ観光といっても過言ではない。

しかも、都市には何らかの「産業」「街道」が必須要件として備わっている。従って「都市観光」は他のふたつのテーマ別観光と連携した観光として進む場合が多い。「産業観光」との連携では、市内の工場・工房訪問、産業博物館見学等、「街道観光」との連携では、市内のみちあるき、公園等の都市交流施設などがその対象となる。「都市観光」においても他のテーマ別観光と同様、観光手段(アクセス等の)や他目的のための施設の利用そのことが観光資源ともなるという現象が各所で見られる。モノレール、空港・港湾などの交通施設もその利用それ自体が、またそこを訪れ見学すること自体が即観光となる現象がある(中部国際空港は航空利用とは無縁の空港ビルの見学、ショッピング、特別な場合として入湯(浴場がある)客等の訪問も多く、搭乗客数を上回る)。

また、市内の運河、河川などの水辺も魅力的な観光資源となる傾向が強いなど、観光基盤と観光資源の一体化の現象がここでも顕著である。注目を集めているのは東京都の渋谷「スクランブル交差点」であろう。外国のガイドブックに観光名所として記される例もあり、交差点の人の往来そのものがダイナミックな都市景観であると紹介されているという。また海上からの「工場夜景」も都市・産業観光資源として人気となりつつある等、都市観光は情報の発信もあり、産業観光、街道観光ともつながって、予想外の方向に発展しつつあることは注目すべきであろう。大都市駅でのラッシュ時混雑風景などが外国に「観光資源」(?)として紹介されたりしないように願わずにはいられない。

Ⅳ 観光のリニューアルへ－"新しい観光"－

都市観光（観光資源）

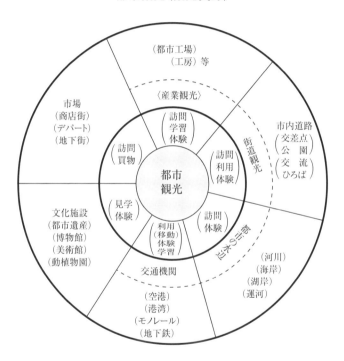

[コラム]

「都市観光」とまちづくり

　都市の人口構造、交通構造等の変化の急進によって地方都市を中心に都心の空洞化と郊外バイパス道沿いに無秩序に商店・住宅の分散が進み、都市の拡散が進んでいるところが多い。駅前や旧都心の繁華街を復活させる等、「観光」によるコンパクトなまちづくり(まち直し)が期待される。そして、その努力の過程そのものを観光まちづくりに結ぶことが考えられる。即ち、都市空間を再整備して「住んでよし、訪れてよしのまち」にする努力である。①住民の総意結集と関係者の参加により、②まちづくりのしくみ(実行委員会等)づくりを行い、住民自治体、経済団体が、③共通の「観光のこころ」をもって連携協力することと、④公的支援がその前提となる。即ち観光都市化への努力で多くの人が"立寄りたくなる"まちづくりを進める。その結果として「都市観光」客にとって「みる」「学ぶ」「買う」「味わう」「食べる」「乗る(交通機関利用)」「集う」等多くの観光行動が円滑に楽しく意義深いものとして体験できる都市となる。即ち、

①市内の観光対象を特性別に集約し市内にいくつかの「観光ゾーン」をつくる

②市内交通機関(バス、タクシー、歩行環境、駐車場)もそれにあわせて整備

③都心駅前等元繁華街にまちの中核機能を取り戻す

④市内の観光資源を開発(再発見)する「まちなみ」「食」「特産物」を工夫と情報(ストーリー)発信で新観光資源とする

Ⅳ 観光のリニューアルへ－"新しい観光"－

ことである。

①については施設集約を伴い、またそれによって効果が大きくなるが、完全な実施は難しい。その場合、次ページの図のように市内各地区に散在している同種の資源同士を結びつけて(特性別に)情報発信する等、情報で結びつける。それにより同じ効果を期待することができる。いわば市内の観光資源の星座(図)をつくり、資源を情報で結んでシステム化することが考えられる。

都市内連携関係図

都市観光は多くの関係者の連携と協働から発展する。
この連携、協働は即まちづくりの原動力となる。

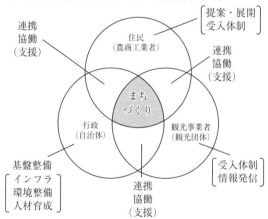

都市観光の「星座」づくり
—観光ネットワーク概念図（大都市観光の例）—

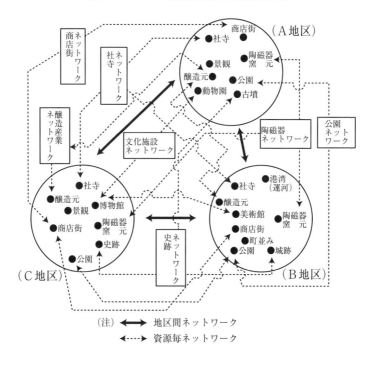

IV 観光のリニューアルへ－"新しい観光"－

[コラム]

観光地の交通渋滞

　観光客の特定地域ないしは時季による集中が目立つ。この場合、その地域では公共交通機関の混雑、道路交通の渋滞が発生し、観光効果が減殺される。また、当該観光地の住民の日常生活にも深刻な影響を与える。図は、国土交通省の調査による観光地における交通の課題を示すものである。

　観光地周辺の主要渋滞箇所全国約9,000箇所で観光交通によるとみられる渋滞箇所が17％にのぼっていることを示している。また、日本人観光客について調べたところ、ほぼ半数の人が不満を持っているのは交通渋滞と駐車場不足(この二つは互いに関連している)であることがわかった。今後の観光の発展のためには道路整備、特に駐車場整備を含む渋滞解消が緊急の課題といえよう。

地域における新しい観光の推進体制(例)

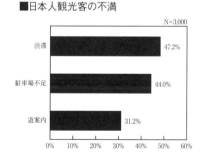

(注)国土交通省調べ

Ⅳ-7. 行動型「ニューツーリズム」

「ニューツーリズム」として最近各地で行動型の"新しい観光"が提案されている。この観光も(従来からの)観光資源への接し方、即ち観光手法を変えることで新しい魅力を引き出そうとする「観光」で、「体験」を重視して展開されるので「行動型」観光といわれる。前記のテーマ別観光のほかに以下のような新しい観光行動が展開され始めた。

- ショッピング　都市観光の一部としてショッピングが行われてきたが、近年それが新しい独立した観光分野となった。
- ヘルスツーリズム　健康志向が高まるなか「歩いて」観光する動きが高まってきた。居住地を離れた地域をひたすら歩く「ウォーキング」も鉄道会社等の提唱で各地で観光イベントとして盛行するようになった。
- ミュージアム観光　学習、体験観光で各地の多くの美術館等を訪れ、食事も挟みながら地域の文化にふれる、静かなブームを起こしている観光である。
- エコツーリズム　バードウォッチング、森林浴など自然環境を損なうことなく自然を「みる」「学ぶ」観光である。間伐作業等、環境保護活動への参加そのものを観光資源とする観光も含む。
- **宗教にかかわる観光**　宗教上の行動である札所めぐり、遍路などへの観光客の参加が各地で盛んになってきた。
- **伝統型観光の新展開**　温泉観光は従来の入湯・宴会型のそれから脱皮し、まちあるきなどを味わう幅の広い観光に発展しつつある。また「食」そのものを観光目的に据えて観光する「グルメ観光」も集客力の大きい新しい観光に成長しつつある。

各観光は、図のように連携して展開されるとき効果が高まる。

Ⅳ 観光のリニューアルへ－"新しい観光"－

"新しい観光"(行動型ニューツーリズム)施策関連図(例示)

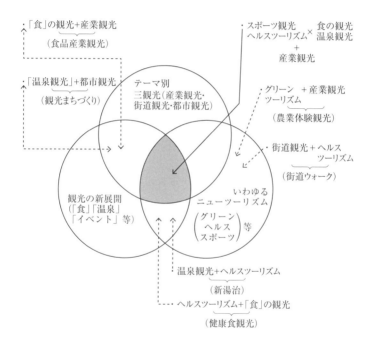

Ⅳ-8. 地域における"新しい観光"の推進体制づくり
（テーマ別観光を例として）

　各地域においては従来型の自然景観観光、歴史文化観光のほか、テーマ別観光の「産業観光」と「街道観光」「都市観光」が特に注目される。これらの"新しい観光"は従来型のものと異なり、地域の総力をあげて公民協働のなかで、また観光団体、経済団体、市民総参加のもとに進める必要がある。何故なら「産業」「街道」「都市」の各観光は地域に定着した、また生活に密着した「面」の観光だからである。

　従って、その推進にあたっては関係者を糾合した推進組織（法人格のあるDMO等）を設ける等、まちぐるみの取組みが望ましい。
・地域の代表者、企業、自治体、観光団体、経済団体も参加して推進支援組織をつくる。
・具体的な観光活動、商品造成から販売に至るマーケティングの戦略実行方針を固める。
・市場調査、マーケティング戦略樹立のために一定常勤スタッフを設ける。

　この場合、DMO等は戦略をたて、あとは施策ごとに設けるワーキンググループともいうべき実行機関の旅行会社、バス会社、通訳案内業、商店、レストラン経営者などに方針を示して、実務をさせるのが現実的であろう。このような体制が機能すると、とりもなおさず「まちづくり」の戦略も同時にそこから発出できることになり、まちづくりの司令塔的役割を果たす。観光をまちづくりとして進めるためにも各地域にこのような推進体制樹立が急がれる。国も登録制を設けて登録したDMOを積極的に支援し発展させたいとしている。（DMOはコラム参照）

Ⅳ 観光のリニューアルへ－"新しい観光"－

地域における新しい観光の推進体制(例)

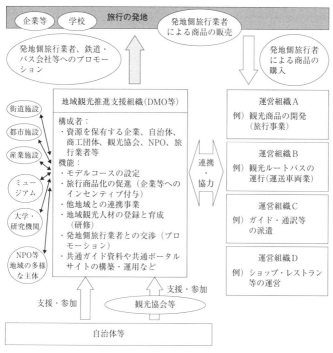

(注)国土交通省産業観光推進懇談会資料による

[コラム]

DMO（Destination Management／Marketing Organization）—地域観光推進組識—

　観光は地域をあげて、公共団体、観光経済団体、さらには住民の参加協働によってその推進を図ることが必要とされる。そこで各地域の関係団体等が一体となって推進するしくみとして「DMO」を各地で設立する動きが盛り上ってきた。

　国においてもこのような組織の設立とその活動を促進、支援するため登録制度を設けることとなった。一定の要件を満たした法人は国に登録することによって、国から各種の施策に応じた支援も得られる。

「DMO」のあらまし

　関係団体等の連携協働により、観光地経営の視点にたった観光地域づくりの戦略策定と販売に至るまでの施策調整推進を行う組織(法人)として設立する。

施策内容

　観光地域づくりのため関係者の①合意形成のうえ、②各種データの収集分析、明確なコンセプトによる③経営戦略を策定する、さらに④KPIの設定、PDCAサイクルの確立を期する。具体的施策としては、⑤着地型旅行商品造成・販売、⑥ランドオペレーター業務の実施等もその内容とし、図のように関係者機関が幅広く連携して活動する。

　　(注)KPI：主要業績評価指標

　　　PDCA：事業設計、実施、費用効果分析と発展施策展開

　上記のため①法人格をもち、②意思決定の仕組みが構築さ

Ⅳ 観光のリニューアルへ－"新しい観光"－

れており、③専門人材が常勤しているものを登録対象とする。
〈産業観光DMO〉

「産業観光」の推進については地域の企業・住民をはじめ行政、経済界、観光団体等の幅広い協働が特に必要でDMOの必要性が高い。

顧客のニーズをサービス企業の協力のもとに商品に反映させるべく、地域の魅力を評価し、地域のコンセプトを策定、それを受けて、商品造成、販売促進等の作業化を進める。「産業観光」の場合、MICE事業との一体化、また受益者と資源所有者の相違のため収益調整等も期待される等、地域の企業、経済団体が参加した幅広いDMOの活動が期待される。

(注)MICE(マイス)：国際会議や学会、見本市など多くの集客が見込まれるビジネスイベント

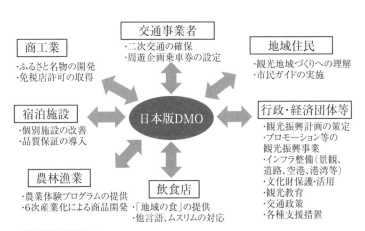

(注)観光庁資料による

これからの観光に関する取り組み体制

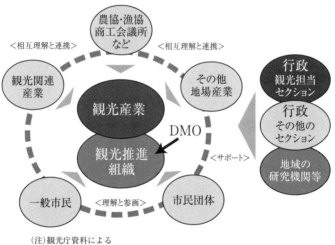

(注)観光庁資料による

Ⅴ 観光を"つくる"

　観光で地域を活性化させるために、また観光を持続的なものとして発展させるためには観光を資金の循環に結びつけ効率的な経済活動(事業)として成立させる必要がある。

　本項では、このような視点にたって観光を商品と見立て、需要予測から商品計画、販売促進に至るまでの手順をまず考える。

　観光を商品につくりあげるためには公的主体でも民間でも達成後の観光の経済的社会的効果を把握する必要がある。そして、その効果を事後の施策に活かすとともに、今後の施策展開の資としなければならない。このため観光の成果を数値で正確に把握したいと考える。しかし、前述のように観光は個人の観光意思(こころ)にもとづく行動であるため数字での把握が困難な場合が多い。観光の出発点となる地域の観光力(即ち、観光資源の埋蔵量)を数値で定量的に把握することも観光を"つくる"際に必要であるが、これまで定量的には把握できなかった。本項では中部広域観光推進協議会(中部9県と観光団体、主要企業が参加)ではこのほどこの手法を開発、試算したので、この結果を、観光を"つくる"際の参考資料として掲載することとした。

観光はひとつの事業として展開されるケースが多い。この場合、観光事業は「観光」という商品を造成・販売することによって、資金の循環による経済効果を地域にもたらすものとなる。

　従って事業の展開は、①市場調査(需要予測、前述)、②商品計画、③販売促進、という一般の商品の場合と同じ手順で進められる。市場調査の中心となるのは需要予測とその分析・把握であり、これによって商品の供給計画をたて、事業規模(施策展開規模、投資額、要員数、経費予測、物資調達規模等)を想定することができる。また、この数値等によって商品計画、販売戦略等を固める。

　そのうえで造成する商品の販売促進(宣伝)を進める。また観光をパック商品として販売する場合も多いと考えられるが、この場合、直接販売か委託販売(旅行会社)によるかの方法があり、前者の場合は販売チャネルの構築が必要である。

　観光は無形の商品(観光客を誘致、その観光地での消費に期待する)のかたちで観光地での諸サービスを受ける権利を販売する場合が多いので、ともすれば上述の手順を踏まず(収支を考えず)、これまで公的施策として展開されがちであった。しかし、これでは持続的観光とならず、経済効果も少ない。従って、有形の商品と同じ考え方でたえず収支を念頭に持続性を担保する方法で進められなければならない。通過型で観光地での消費も少ない都市圏に多い日帰り型の観光は、経済活動としての効果も不十分で、真の観光とはいえないからである。

Ⅴ 観光を"つくる"

[コラム] "きっぷ"がなくなる…

　観光には、鉄道(利用)が今も大きい役割を果たしている。鉄道を利用するには、"きっぷ"を買わなければならない。この常識がIT技術の発展に伴い、急速に崩れ、近い将来、200年近い歴史を持つ"きっぷ"は消えることが予想される。

　図は、JR東日本のICカード(乗車券)「Suica」の普及状況の推移である。導入からわずか10数年で約6,900万枚の発行にまで急成長した。しかも、定期券もカードに収容するほか、様々なカードとも提携し、電子マネーと言われるほどである。一部の鉄道会社では、新幹線等の特急列車利用についても座席指定も含め、カード決済が可能となり、"きっぷ"なしの乗降も可能(事前に登録が必要)となった。

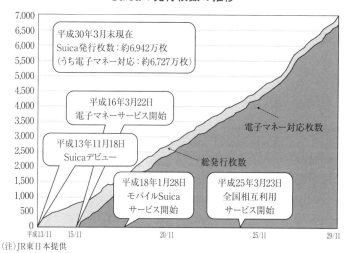

Suicaの発行枚数の推移

(注)JR東日本提供

Ⅴ-1．観光需要予測の手法

　観光需要の特色として、①需要源が広範囲にわたる、②季節曜日波動が大きい、③景気・気象に左右されやすい、④休暇のとり方、⑤交通機関の状況等に影響されやすいなどの問題があるので、それらの影響を過去の実績等から把握して需要想定をする必要がある。

　(観光需要の想定)

　定住人口に毎年公表される1人当たり旅行回数を割掛けて算出、この数値を観光に影響しやすい所得水準、余暇時間の推移と過去の実績との相関関係から得られる傾向、数値により修正する。

　(観光誘致圏の想定)

　観光(候補)地へ観光客をまとまって誘致できると考えられる地域を誘致圏と推定する。日本観光振興協会の調査によると日帰りの場合、到達所要時間が片道1.5時間以内、宿泊(1泊)を伴う場合は片道約4時間の範囲内とされる。その誘致圏内の人口を求め、上述の方法で観光(旅行)参加率(平均回数が公表)を掛けて需要見込みとする。データが得られればこれを地域の所得水準、余暇時間の実態や傾向値で修正する。

　(一般来訪者からの観光誘発数)

　観光資源の存在するまち(都市等)への普段の来市者からアンケートないし聞き取りで観光意思の有無等を調査し、来市者の観光への誘発可能性を測る。

　以上から得た数値を地域の特殊な条件(道路、新幹線開業など)があればそれによって修正すると将来の観光需要のおおまかな予測が可能となる。

Ⅴ 観光を"つくる"

観光需要量調査概要図

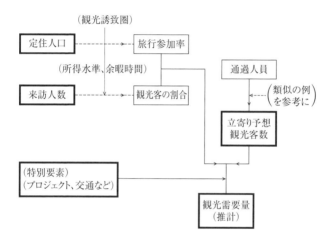

Ⅴ-2. 観光効果予測

　観光はその効果が広範囲に波及することが特長である。観光対象地への効果が少なく、周辺地域への波及効果が大きい場合は広域観光事業として展開し、事後の収益配分を検討すればよいと考えられる。

（消費効果予測）

　地域経済への効果を調査測定するには、先述の需要予測人数に１人当たりの平均消費見込額（全国値と一部地域の実測値は毎年公表）を掛け合わせて推計する。

（波及効果の予測）

　観光には消費支出が伴いこれが地域経済に広く波及していく。宿泊代、食事代、みやげもの購入費等である。受皿となる観光産業は原材料仕込み、エネルギー、サービス等を他事業から購入する。このような資金の循環から経済効果が幅広く波及して地域経済に大きい効果をもたらす。この効果を定量的に把握するには各地域（県ないし主要都市）で公表されている産業連関表に諸元を当て嵌め測定することができる。

（観光商品計画）

　観光資源にふれ、それを味わう観光行動と、それに付帯する様々な観光客が受けるサービスをまとめて観光「商品」として組み立て、造成して、顧客に販売することを計画する。

　旅行会社の「パック旅行」がその代表例である。諸サービスの（利用権がそこにまとめられている）様々な観光施設、観光産業との契約、予約、支払い等の行為が観光「商品」購入によって一度に代行（充足）されることとなり、観光の普及促進はこのような商品計画の良否にかかっているとさえいえよう。

V 観光を"つくる"

観光消費の波及想定図

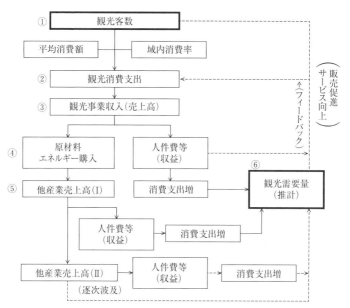

(注1) ⑤以降さらに3次4次と波及することが多い
(注2) ③〜⑤の過程においても域内消費率を想定する
(注3) このような循環がさらに観光消費増を誘発する

[コラム]

観光力の算定(試算)

「観光力」という言葉が各地で使われるようになってきた。しかし、その意味は地域によって違った意味に使われることが多い。即ち、単なる観光資源に恵まれた地域とか景勝地があるという意味に使われたり、観光客(誘客力)の多いことを強調する意味で使われたりしている。定性的な表現にとどまっており、これまで定量的に把握されてはいなかった。

地域にとっては県単位、ブロック単位の広域観光力の実態を定量的に把握し、観光施策の効果の判定、今後の施策展開への判断規準を得たいとの声が強い。「中部広域観光推進協議会」(経済団体、観光団体、地方自治体が設立した団体で現在はDMO)では、長期観光ビジョンを策定する際、観光力の定量的把握手法をコンサルタントの協力を得て開発、試算した。

① 個々の観光対象(資源)ごとに公表の地域別の数値を把握(湖沼数、温泉数、博物館数、社寺数等)する。

② 別途アンケート(3000人対象)をコンピューター利用で行い、観光対象(資源)ごとの志向度(どのような観光対象(資源)を訪れたいか等)の数値割合を得る。

③ ②の数値(割合)により①の各項目にウェイトづけをする。いわば観光対象(資源)ごとにそれへの志向からみた偏差値を算定する。

④ 上記の数値から当該地域の全国対比(地域資源のシェア)を算定、これを「観光力」とみなす。この数値(観光力)を

Ⅴ 観光を"つくる"

地域の「観光実績」(宿泊客数等の対全国比から推算)ないし地域の「経済力」(生産高のシェア)との比較で観光資源の存(潜)在割合とその活用度が測定できる。

計算の結果、中部の観光力(対全国比)は約23％となった。中部の観光実績(宿泊人員の対全国比)18％にくらべ5ポイント(23－18)分の観光力がまだ活かされていないと推定できる。

観光力の算定(試算)と活用

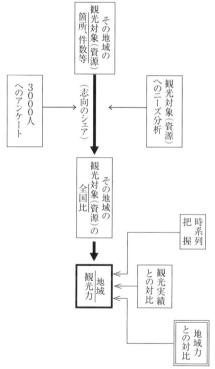

(注)中部広域観光推進協議会資料による

Ⅴ-3. 観光をつくる組織

　観光は公的主体をはじめ観光団体・経済団体等様々な業種の関係者、様々な地域で観光客が参加して進められる。また観光の性格上、その行動、事業が直ちに収益に結びつかないものも多い。このため国・地方自治体の地域づくりと密接な関連をもつこと、国際的な展開が求められることもあって、国・地方自治体(市町村)等公的機関が主導して進められることが多かった。そして公的主体の業務を分担させる公設の観光団体も多数設立された。

　従って観光の推進についてこれらのしくみ(組織)の果たす役割は現在も大きいものがある。「観光立国」の旗印のもと国をあげて国民運動として観光を進めるため民間が中心となり、観光(公的)団体等が国、自治体との橋渡し役、調整役となって、公民連携の新しい観光推進システムを構築する必要がある。

　観光推進のための本格的な組織は、国によって明治45年設立されたJTBの前身、ジャパンツーリストビューローに始まる。昭和初期までに国(鉄道省)に国際観光局が設けられた。その後、財団法人ないし特殊法人の国際観光、国内観光にかかわるナショナルセンターが相次いで設立されている。戦時中の観光中断期を挟んで紆余曲折はあったものの、現在図のとおり、国の観光庁、国内観光担当の日本観光振興協会(公益社団法人)、国際観光担当の国際観光振興機構(独立行政法人)の三組織中心の体制が平成23年に出発し、全国的な観光はこれらを中心に展開、活動してきた。一方、地方では国、自治体の後押しもあり広域観光推進組織として各地域で「DMO」が設けられつつある。地方自治体、経済団体、観光団体がこれに参加してマーケティングを含む、地域観光の推進母体となって活動し始めた。

Ⅴ 観光を"つくる"

観光組織の経緯図（概要）

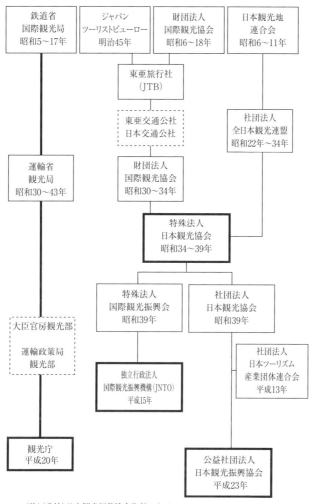

(注)(公社)日本観光振興会資料による

Ⅴ－4．着地主導の受入体制づくり（着地型観光）

　「観光」を推進発展させるためには観光客の受入体制を整備、構築することが必要で、これなくしては観光は進まない。これまで観光客の増加を図るため主として発地（観光客の居住地）の目線にたって発信された情報を受けて観光客は行動してきた。このため着地（側）ではいわば受身のかたちで体制を整備していくことが多く、観光地での収容力不足、インフラの不備等からそこに観光のネックを生じた例も見受けられた。現在も一部の観光地でこの点が指摘されている。

　着地にふさわしい受入体制を長期的視野にたって、着地目線と観光客（顧客）の両目線にたって再構築することが急務である。

　日本商工会議所の調査によれば、全国515の商工会議所が所在する主な都市において特に重点をおいているのは、多言語での対応、無線LAN整備、通訳ガイド等の育成等であり、それらについて、地元諸団体等による受入れ側の協力体制ができつつあること等も指摘されている。

　一方、受入体制整備にあたっての課題としては人手不足が深刻化していることがあげられる。日商の調査によれば、この対策として、シニア（退職者）の活用、留学生等外国人の協力を要請、IT導入による効率化、女性の活用等をあげている。観光産業は他産業に比し幅広く老若男女にわたって、幅広い人材が従事できる産業であるだけに、このような雇用の幅を広げる努力が今後ますます求められよう。

　観光のリニューアル、"新しい観光"をつくり出すことが求められている現在、着地主導型の、観光地にとって最適の受入体制、受入環境整備が急がれるところである。

Ⅴ 観光を"つくる"

受入体制の構築（自治体）

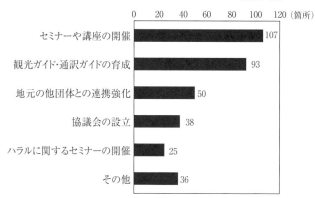

（複数回答）

- セミナーや講座の開催　107
- 観光ガイド・通訳ガイドの育成　93
- 地元の他団体との連携強化　50
- 協議会の設立　38
- ハラルに関するセミナーの開催　25
- その他　36

（注）平成29年7月、日本商工会議所の資料による

滞在環境の整備（自治体）

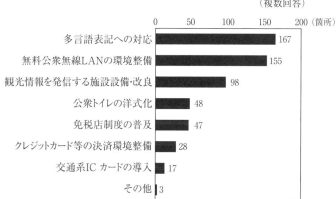

（複数回答）

- 多言語表記への対応　167
- 無料公衆無線LANの環境整備　155
- 観光情報を発信する施設設備・改良　98
- 公衆トイレの洋式化　48
- 免税店制度の普及　47
- クレジットカード等の決済環境整備　28
- 交通系ICカードの導入　17
- その他　3

（注）平成29年7月、日本商工会議所の資料による

[コラム]

観光バリアフリー

「バリアフリー」とは文字どおり「障害をなくす」ことである。身体の不自由な人々、お年寄り等から日常行動にかかわる障害をなくし、健常な人々と同じように行動できるよう設備、接遇面で努力することが必要である。

「観光」でもこのようなハンディを負った人々が健常な人々と同じように自由に観光できるようにしなければならない。「観光バリアフリー」実現は観光推進の重要な前提要件であり、また観光基盤の整備目標のひとつであるといえよう。

図のように観光地にある様々な段差（階段、急坂）の解消によって、例えば車いす利用の人々の場合、車いすのまま抵抗なく行動できるようにすることが当面の目標となる。このためエスカレータ・エレベータの設置、階段のスロープ化、急坂の緩和等がある。また目の不自由な人々のためには観光案内板に点字表示を加えたり、道路に点字ブロックを設置、耳の不自由な人々のために音声案内（装着式の案内機器の準備等）も求められよう。

しかし、重要なのは観光客を迎える観光地の人々がもてなしのこころをもってこのような身体の不自由な人々、お年寄りを温かく迎えることではなかろうか。ボランティアの方々も含め交通・宿泊など観光基盤施設等で働く人々ないし観光客に接する住民の皆さんの支援・協力が期待されるところである。

国では「バリアフリー観光空間整備事業」を進めており、

Ⅴ 観光を"つくる"

前記のような設備の整備等について基準を定め、必要経費の補助制度を適用する地域指定等も行っている。また「高齢者、身体障害者等が公共交通機関を利用した場合の移動の円滑化の促進に関する法律」では自治体の基本構想にもとづき駅施設、駅周辺施設、駅前広場、信号機などにつき一体としてバリアフリー化を進めるこことし、その整備基準も設定している。

バリアフリー観光空間整備事業イメージ図

- 展望台等のエスカレータ・エレベータの設置
- バリアフリーを意識した休憩拠点
- 高齢者・障害者対応トイレ
- 観光案内所等のスロープの整備
- 車いすの人にも見やすい案内板
- 音声付案内板

(注)国土交通省の資料による

[コラム]

観光ルート(路線)バス

　多くの観光資源がある大都市では交通ターミナル(駅、空港、ICなど)から市内主要観光スポット間の交通と市内観光スポット相互間の公共交通機関が円滑に機能しているかどうかで観光効果は大きく異なる。市内の交通渋滞の多発等によって観光客にとってターミナルから観光スポットへのアクセス自体が困難になるようなことがあってはならない。

　そこで市内への二次輸送、即ち鉄道ターミナル・観光スポット間(さらに観光スポット相互間のいわば三次輸送も)を特別な(観光)路線バスで結ぼうとする都市が増えてきた(自家用車やタクシー利用等による交通渋滞緩和をめざして)。

　路線バスは予約なしでいつでも利用できること、観光スポットの直前で乗降できること、運行頻度の高いものが多いので利用客が増加、道路渋滞を避けて車での観光客も駐車場に車を置いて市内はこのバスでまわる人も増えてきた。以下、名古屋と京都の例である。

　名古屋は廃止された定期観光バスの代替から始まった。市内に多い産業観光スポット等を周回する路線バス方式の「メーグル」がある。乗客増に応じて逐次増便し、立寄り箇所も増加してきた。

　京都では当初旧市電を模した「レトロバス」を観光資源にすべく「チンチンバス」の名で始めたが、市内観光スポット間を直結する便利なバスとして乗客が急増し、レトロバスでは間に合わなくなり、一般の大型路線バスに代えた。その際、

V 観光を"つくる"

駅等の交通ターミナル・観光スポット間には幹線ルートバスを、観光資源が密集する(東山岡崎等)地区内には小型循環(支線)バスを運行、相互が連携する面的輸送機関としてキメ細かいネットワークを構築、タクシーに近いサービスが路線バスで実現した。幹線バスを「洛バス」、支線バスは地区名から「岡崎ループ」と呼び、いずれも好評である。観光都市の足に一石を投じたものといえよう。

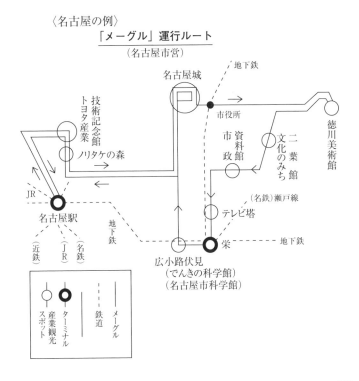

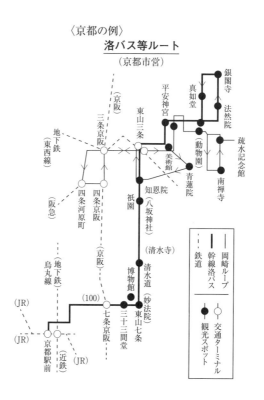

Ⅵ 「観光立国」―広域・国際観光を"めざして"―

> 国の観光目標
> ・訪日外国人旅行者数　　　　　4000万人
> ・訪日外国人旅行消費額　　　　8兆円
> ・地方部での外国人延べ宿泊数　7000万人泊
> ・外国人リピーター数　　　　　2400万人
> ・日本人国内旅行消費額　　　　21兆円

　観光は広域、国際連携のもとに国をあげて進めるのが効果的である。その必要性と手法、対策を考える。

　なお、日本人観光客が国内観光客の約80％を占めるが、その総数の把握が未集計なので、国内観光客(日本人)については目標値は定められていない。しかし、日本人観光客も全体として「増加を期待する」こととされ、その消費額のみを目標値として掲げている。

　国の目標値であった外客誘致2020年(平成32年)2000万人を4年早く、平成28年に達成した。このため目標値を上表のように改定した。そして、その指針として国は「明日の日本を支える観光ビジョン」を策定した。

(参考)　　　　新たな(観光)目標(2020年、2030年対比)

	2020年(平成32年)	2030年(平成42年)
訪日外国人旅行者数	4000万人(×2)	6000万人(×3)
訪日外国人旅行消費額	8兆円(×2)	15兆円(×4)
地方部での外国人延べ宿泊数	7000万人泊(×3)	1億3000万人泊(×5)
外国人リピーター数	2400万人(×2)	3600万人(×3)
日本人国内旅行消費額	21兆円(最近5年間平均の約5％増)	22兆円(同左約10％増)

×＝平成28年値の倍率を示す

Ⅵ－1．明日の日本を支える観光ビジョン（国の観光施策）

　前掲の目標を達成するために「楽しい国日本」「世界が訪れたくなる日本」を目指して国は観光ビジョンを策定、観光立国政策をさらに強力に推進することとなった。その重点は次の3点である。

① 　観光資源を充実させ、その魅力を高める。特に文化財、迎賓館、国立公園等の公開を促進、公開（活用）こそ最適の保存であるという考えに徹し、これらの観光資源化に努める。また美しいまちなみの実現のため、「景観計画」の策定を促す。

② 　広域観光を展開し、地方へも観光の経済効果を受入れ、地方創生を期する。観光産業を基幹産業に高め、観光の国際競争力を強化する。そのため規制緩和と市場開拓を進める。

③ 　安全快適な観光を目指し、ソフトインフラともいうべき入国審査方式の改善、情報利用環境の改善、さらに観光地間を結ぶ地方創生回廊ともいうべき交通インフラの充実強化、休暇改革等を進める。特に観光客の円滑な観光の実現と観光安全確保に留意する。

　上記の施策により、国は日本のもつ特色ある豊富な観光資源を、誇りをもってみがきあげ、その価値を内外人にわかりやすく伝えていくとしている。そのため観光情報の適確な発信を期することとしており、観光情報の量的・質的充実がこのビジョンの成否を握っているといえよう。

VI 「観光立国」―広域・国際観光を"めざして"―

明日の日本を支える観光ビジョン展開図
(訪れたくなる国づくり)

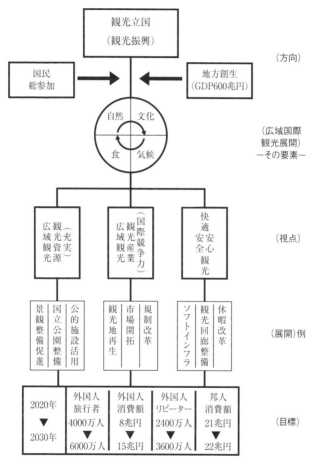

(注)観光庁資料により作成

Ⅵ-2. 広域観光はなぜ必要か(1)—ブロック間の流動状況から

　国内を8つのブロック、北海道、東北、関東、中部、関西、中国、四国、九州と大分けし、そのブロック間の流動を国土交通省がスケッチしたものが右図である。およその傾向としてブロック間流動は、交通が発達し、経済の結びつきの強い関東・関西・中部の相互間を除き量的には少ないことがわかる。特に2ブロック以上離れての隔域間ではその流動はさらに少ない。

　このことは新幹線が北海道から九州まで完成し、また国内線用の空港が100ヵ所も整備された現状にあってもほぼ同様の状態である。従って、それらを結ぶ新幹線の利用も長距離は伸び悩んでいる現状にある。

　即ちこの図からは、ブロック間、それも隔地ブロック間の交流をもっと盛んにすべきであり、その余地が大きいことを示している。観光は長期滞在型のもの、また大都市等多数の人々の居住地を離れた遠くの地域への観光がその効果(社会経済的効果)が大きく、期待されている。それによって地方創生による経済発展の地域較差を是正する社会的要請にも応えることができる。

　またこれまでの観光が大都市圏とその近郊(日帰り圏ないし1泊圏)に集中する傾向があり、大都市(周辺)の観光地の混雑を招いているので、観光の幅をより国全体に(地方も含め)広範囲に広げてゆとりのある高付加価値観光の実現が必要と考えられる。

Ⅵ 「観光立国」―広域・国際観光を"めざして"―

広域ブロック相互間の人流の推移（国土交通省）

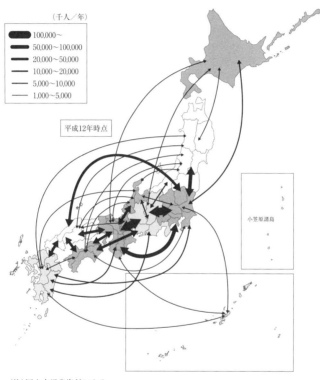

(注)国土交通省資料による

Ⅵ−3．広域観光はなぜ必要か(2)―周回比率から

　図は地域(ブロック単位)別にみた地域内周回(観光)比率をまとめたものである。

　地域内周回(観光)比率とは、その地域内の各都府県を訪れた訪日外国人数の合計をその地域を訪れた全訪日外国人数で割った値である。即ち、その地域を訪れた訪日外国人がその地域内の都府県を1人当たりいくつ訪れているかを示したものである。

　数値をみると、最大の関東が2.05を示し、九州、近畿がこれに続いている。しかしいずれも「2」以下の小さい数値である。九州、関東が多いのは、比較的狭い交通便利な地域に面積の小さい県が連接しているという地の利も反映したものといえよう(東京、埼玉、神奈川などは外国人にとって都県間の境界はほとんど意識されていないという)。しかし、圏域が広く、県単位の面積の大きい東北、中部、中国等が劣位にあるのは、その面積の広さとこの地域がどちらかといえば外国人客にとって通過地域になっているからではないかと思われる。

　即ち、そのような地域ではもっとブロック内各地を幅広く訪れる観光を呼びかける必要があることを示している。観光の効果を高めるためには、多宿泊型観光(長期滞在型観光も)が必要であるが、これでは程遠い状況といわざるを得ない。中心都市に観光客が集中しがちなこと、即ち、それらへの情報の偏在と関係各府県からの情報発信の不足がその原因ではなかろうか。この面からみても「広域観光」の実現がブロック内についても、ブロック間についてもともに強く求められている。

Ⅵ 「観光立国」―広域・国際観光を "めざして"―

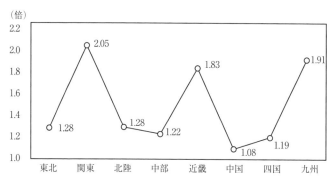

(注1) 地域内周回比率は、①当該地域内の各都道府県を訪れた訪日外国人数の合計を、②当該地域を訪れた訪日外国人数で割ったもの。当該地域を訪れた訪日外国人が当該地域内の都道府県を1人当たりいくつ訪れているかを表す。
(注2) 日本政府観光局(JNTO)「訪日外客数・出国日本人数」、観光庁「訪日外国人消費動向調査」をもとに算出
(注3) 中部経済新聞社の資料から引用

Ⅵ-4. 広域観光実現のために(1)―観光トライアングル構築

交通機関の発達によって観光客の行動範囲が広がる可能性がでてきたので、受入側が連携して広域的に観光を進める必要が生じた。このため観光地(資源)間の連携が広域観光展開のために特に必要となる。そこで「観光トライアングル」(三角形)の形成で新しい観光(資源)ネットワークを構築することが期待される。

・観光推進トライアングル

観光は国、地方自治体(府県市町村)の、いわば「公」と経済団体、観光団体、企業等の「民」の連携による取組みが必要である。その基盤として一般市民(市民団体)の理解と参加協力が望まれる。これらの関係各部門がトライアングル(三角)形の観光推進協働組織(何等かのしかけないししくみ)を形成することが幅広い観光を展開するための前提となる。

次に観光地域間のトライアングル(連携)の形成である。例えば首都圏、北陸地域、近畿圏、東海圏等の地域間において観光推進トライアングル(状)のしくみをつくりあげることである。即ち、頂点となる3地域をそれぞれ宿泊地として3泊4日(当該地のいずれかを出発点とする場合は2泊3日となる)のコースを考える。これらを全国に広げていくのである。

地域間の移動が2時間程度ならば、宿泊地を朝出発すれば次の地域でほぼ全日を観光に充てることができる。また、トライアングル(三角形)であるから往復路が異なるので観光の幅が広げられる。トライアングル(三角形)とするのはトライアングル同士が結びつきやすく(地形測量に三角点網が使われるように)、全国的(広域的)な観光ネットワーク形成が実現しやすいからである。

Ⅵ 「観光立国」―広域・国際観光を"めざして"―

(A) 観光推進部門トライアングル(例)

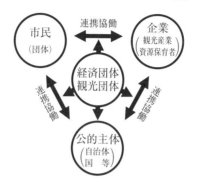

(注) このトライアングル運営は関係機関で
実行委員会等を組織して行う

(B) 観光推進地域間トライアングル(例)

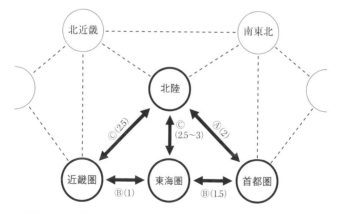

(注)・( )は鉄道利用による最速所要時間を示す(単位:時)
　　Ⓐは北陸新幹線、Ⓑは東海道新幹線、Ⓒは在来線(特急)利用によるもの
・-----は他の隣接トライアングルと結ぶ可能性を示す

145

Ⅵ-5. 広域観光実現のために(2)―広域観光ルートの形成

「広域」観光を実現するためには、観光トライアングルのような地域間の連携関係を構築することとともに、これに沿って観光客を広域観光に誘致するためのモデルコースを策定、提案することが必要である。

観光庁では広域観光周遊ルート形成促進事業に取り組み、特に外国人の地方における広域観光を促進するためのモデルルートを策定した。

同ルートは11ルートからなる。北海道内の第1ルートから沖縄県の第11ルートに及ぶ地域ごとに策定されている。そしてルートごとにその特長を示す命名がなされている。

同庁ではこのルートに沿って観光資源をみがきあげ、受入環境の整備(多言語表示、Wi-Fi等情報環境整備等)を進め、これを民間において観光商品に仕立て、販売まで進むべきとしている。

また今後、各地においてもこのようなモデルコースの策定を進めることを期待し、観光庁が認定したコースについては、地域の取組みをパッケージ(包括的に)として支援するとともに、海外へも強力な情報発信を行うこととしている。

当然、実現にあたってはモデルコースの受入関係箇所の受入体制の整備と適切かつ広範囲にわたる情報発信が求められる。

Ⅵ 「観光立国」―広域・国際観光を"めざして"―

広域観光モデルルート

① 「アジアの宝 悠久の自然美への道 ひがし北・海・道」
　（「プライムロードひがし北・海・道」推進協議会）
② 「日本の奥の院・東北探訪ルート」
　（東北観光推進機構）
③ 「昇龍道」
　（中央日本総合観光機構）
④ 「美の伝説」
　（関西広域連合、関西経済連合会、関西観光本部）
⑤ 「せとうち・海の道」
　（せとうち観光推進機構）
⑥ 「スピリチュアルな島～四国遍路～」
　（四国ツーリズム創造機構）
⑦ 「温泉アイランド九州 広域観光周遊ルート」
　（九州観光推進機構）
⑧ 「日本のてっぺん。きた北海道ルート。」
　（きた北海道広域観光周遊ルート推進協議会）
⑨ 「広域関東周遊ルート『東京圏大回廊』」
　（関東観光広域連携事業推進協議会）
⑩ 「縁の道～山陰～」
　（山陰インバウンド機構）
⑪ 「Be. Okinawa琉球列島周遊ルート」
　（Be. Okinawa 琉球列島周遊ルート形成推進協議会）

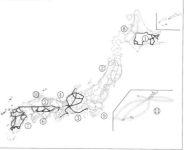

(注1)（　）内は実施担当機関を示す
(注2)観光庁資料による

Ⅵ－6．国際観光実現のために(1)—外国人旅行者の訪日促進

　国が「観光立国」を国策として取組むこととなった動機のひとつが、観光による国際収支の赤字が年間3.6兆円という巨額にのぼっていたことにあったと言われる。このことは日本の観光が国際競争力を失いつつあったことを示しており、当時（平成15年頃）、外国人観光客受入人数順位が世界20位前後で低迷していたこともこれを物語る。国をあげて外国人観光客の訪日促進を図ることが観光施策の大きい柱となった所以であろう。

　このためには、第一に受入体制の整備があげられる。国による入国手続の改善（所要時間短縮、ビザ緩和等）である。1人平均40分かかっていた手続時間を20分以内とするべく入国手続窓口の拡充、海外空港等での事前調査の実施等が国でも検討された。また多言語表示（案内）も基準を国が策定して進めること、外国人向けの観光商品の造成等も求められた。

　第二に海外諸国への情報の的確かつ強力な発信がある。海外での日本紹介資料等がきわめて不十分、不正確であったことをふまえこの施策実施となった。しかも日本の情報が特定観光地、大都市に偏っているので、情報の地域較差解消と外国人への情報のシステム化、ネットワーク化が必要とされた。また宿泊設備については古い商慣習（泊食総合料金制等）からの脱皮も必要である。さらにWi-Fi拠点の整備など情報環境の整備が必要なことはもちろんである。その後の経過としてビザ発給条件緩和が一部の国に対して進められたが、そこでは来日客が倍増するような大きい成果をあげるなどその効果が大きいことが証明された。国のセキュリティ確保と両立させつつ一層の前進が期待されるところである。

Ⅵ「観光立国」—広域・国際観光を"めざして"—

外国人旅行者の訪日促進のために

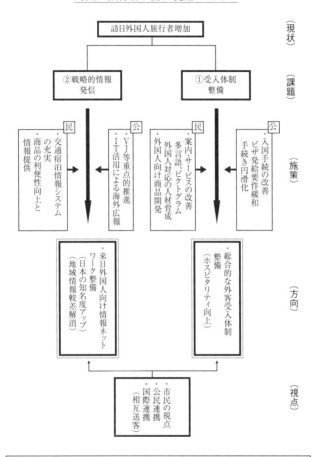

(施策例)・ビザ免除拡大　・「プレクリアランス」(事前調査)の導入等
　　　　・VJ等外国市民に直接訴える宣伝　・姉妹都市交流
　　　　・観光親善大使任命　・FC活用　・キャッシングサービス

(注1) vj：ビジット・ジャパン事業(訪日観光客誘致)
(注2) 観光立国推進戦略会議資料により作成
(注3) 公=公的施策、民=主に民間で取り組むものを示す

Ⅵ－7．国際観光実現のために(2)―国際競争力強化へ

　今回の施策はハード、ソフト両面にわたってインフラ整備を幅広く推進しようとしている点に特長がある。観光の国際競争力不足を反省、また国内でも観光が他のアミューズメント等との間で競争力を失いつつある原因のひとつはそのインフラにもあるとの反省からである。

　第一に、観光の経済効果を地域に還流させ、地域づくりに結びつける役割が期待される観光産業の効率化、近代化である。観光客に財布のヒモをゆるめてもらえるような魅力的な観光産業へ脱皮、また伝統的中小企業が多いため経営近代化、効率化が遅れ、コストが高どまりしがちな観光産業の経営改革をめざそうとしている。このためIT機器等の積極的導入、企業間連携等を進めること等も提案されている。

　第二に、観光が近年急速に発展したことに伴い、観光の(推進)ノウハウをもった人材不足（いわゆる観光仕掛人の不在等）が目立ってきたので、人材の育成が急務である。

　人材育成のシステム化、研修方式、インターンシップ制導入等がそれである。また学校等教育機関でも観光人材の育成過程を新設、充実する必要がある。

　もちろん、宿泊施設や観光地への二、三次輸送を含む交通インフラの整備が基本にあることはいうまでもない。

　そして、ここでも(着)地域主導で地域にもっともふさわしい観光(交通)産業、観光人材の整備を図り、観光の文化的・経済的効果を地域に還元し、そこに資金、人材と観光との間に発展的好循環が起こるような施策推進が図られることが望ましい。

Ⅵ 「観光立国」―広域・国際観光を"めざして"―

国際競争力強化のために

```
                    国際競争力強化                          (現状)
                    ┌───┴───┐
                ②人材不足      ①市場未成熟                (課題)
```

(施策)

②人材不足側：
- 〔民〕
  - ・インターン制導入
  - ・採用・研修への協力
  - ・高齢者・外国人活用
- 〔公〕
  - ・資格制度設定と運用拡大（地域限定も）
  - ・実務者研修
  - ・標準教育プログラム開発

①市場未成熟側：
- 〔民〕
  - ・選択肢の多いサービス
  - ・商品開発、コスト低減
- 〔公〕
  - ・競争基盤の育成
  - ・規制見直し、統計整備

(方向)
- ・人材育成システムの整備（学校、研修等）
- ・観光産業近代化（経営、サービス、商品の革新）
- ・ネットワーク充実

(視点)
- ・国際的視点
- ・顧客視点（団体→個人）（金銭→時間）
- ・地域（着地）視点

(施策例)
- ・法規見直し、特区制度
- ・「泊」「食」「交」の分離（契約方式の選択肢拡大）
- ・観光統計整備
- ・観光学部(科)等新増設
- ・ワーキングホリデー制導入

(注1)観光立国推進戦略会議資料により作成
(注2)公＝公的施策、民＝主に民間で取り組むものを示す

Ⅵ－8．広域観光・国際観光実現のために─国際競争力ある観光地づくり

「住んでよし、訪れてよしの国づくり」というキャッチフレーズがまさに観光国民運動の目標を端的に示している。日本の観光の国際競争力が不足していたことを反省、その競争力を強化するとともに、地域に根を下ろした着地（住民）の目線にたって、観光を展開しなければならない。

展開方針は第一に従来の「点」とそれを結ぶ「線」の観光から一歩進んで、公民の幅広い連携による幅広い観光をめざす。このため地域のよさを地域で再認識し、地域ブランドづくり（地域の売りを発信）、景観保全、公的資産の活用等で公的機関も積極的に観光推進に取り組む必要がある。そして面的観光地（観光圏）づくりを進め、これらの連携で各地域の特色を活かしながら、観光資源のネットワークを図ることを目指す必要がある。

第二に、地域を今一度見つめ直し、地域からの観光資源の開拓（発見）を進めるとともに、観光客の資源へのアプローチの手法、視点をかえて新しい魅力を既存の資源から再発見するような観光のリニューアル"新しい観光"（ニューツーリズム）─産業観光、体験観光等の提案が期待される。

このような二つの大きい施策の推進にあたっては、国際的視点にたち、観光客の志向にも十分目配りをしたうえで、着地主導で進めるべく地域（着地）から強力な官民協働して情報発信をする必要がある。施策例にあるようなまちなみ保全、歩ける道の整備など、身近な、今すぐ取組める施策展開を進めたいものである。

Ⅵ 「観光立国」—広域・国際観光を"めざして"—

国際競争力のある観光地づくり（住んでよし、訪れてよしの国づくり）

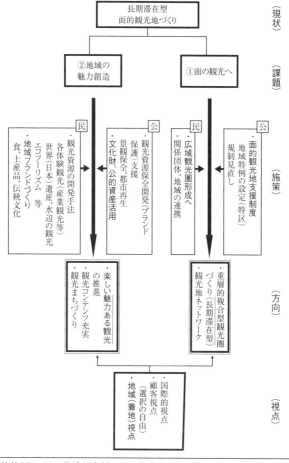

(注1)観光立国推進戦略会議資料により作成
(注2)☐：公的施策
　　図：主に民間で取り組むもの

[コラム]

入国管理方式の見直しとその効果

　ナショナルセキュリティ確保という国策と矛盾しない範囲において、観光客等の訪日にあたって入国ビザが必要な国のうち大きい需要が見込まれる国について近年ビザの発給要件緩和が行われた。平成25年のタイ、マレーシアに対してがそれである。その結果、図のように両国から日本に入国した人数はほぼ倍増となっている。

　国では訪日観光客誘致重点地域にある国・地域について、その潜在力の大きい国・地域(人口、経済状勢など)について、今後慎重な検討を重ねたうえ、受入環境の整備とあわせてビザの発給条件の緩和を検討していきたいとしている。

　重点地域の対象国・地域(その合計で訪日外国人数の95%を占める)は20ヵ国に及び、15ヵ国・地域は既にビザが免除されており、中国など5ヵ国がビザ所要国となっているが、それらの国についても発給条件等の緩和が進められてきた。

　なお観光庁の試算によれば、定住人口1人当たりの年間消費額(124万円)は、旅行(観光)客の消費に換算すると外国人観光客8人分、国内旅行(観光)客については宿泊客で25人分、日帰り客で79人分にもなることになり、将来定住人口が減っても観光客によって交流人口が増えれば、地域の活力、経済力が維持されることを示しており、外国人入国者を増やすことがその場合とくに大きい効果があることに注目したい。

Ⅵ 「観光立国」―広域・国際観光を"めざして"―

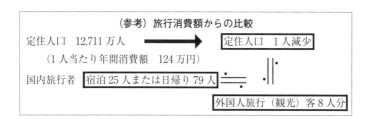

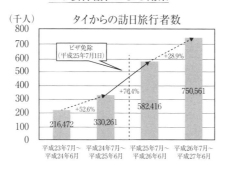

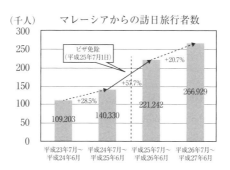

(注)観光庁の資料による

[コラム]

日本人の余暇の現状と対策

　日本の余暇の現状は次ページの通りである。
・週休は年間104日、世界共通(土日休制前提)
・祝日は年間16日となり、これは欧米諸国の10日前後と比べると多い

　しかし、有給休暇の取得率となると欧米諸国は80％〜90％であるのに比べ50％以下の９日以内にとどまっている。しかもその取得時期をみても、日本では盆暮のように日本独特の年中行事にかかわる時期と休日の並ぶ5月のゴールデンウィークに集中している。反面、欧米諸国は万遍なく年間各月にわかれて取得しているといわれる。しかも日本では長期にわたる休暇をとる慣習が成熟していない。

　日本人の年間18日程度にすぎない年次有給休暇の取得率が低いことが目立つ。国土交通省の試算によると、仮にこの有休を完全に取得したと仮定すると、それによる観光の経済効果は11兆円をこえる巨額に達するとみられる。また、これによる雇用効果は計148万人に及ぶと試算されている。

　このためには有給休暇を取得しやすくする環境整備が急務と考えられる。また現在、全国で約30％に及ぶ勤労者が有給休暇制度の適用を受けていないという問題がある。個人に雇用されている人々や、いわゆる非正規労働者のうちかなりの人々がこれに該当する。このような人々への有給休暇のあり方も含め日本の休暇制度を含む余暇のあり方を抜本的に再検討することが望まれる。

Ⅵ 「観光立国」—広域・国際観光を"めざして"—

有休完全取得による経済効果

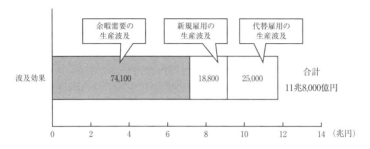

有休完全取得による雇用効果

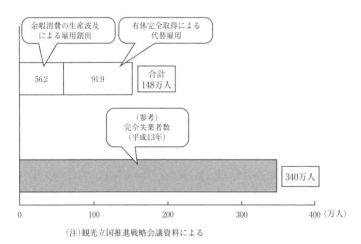

(注)観光立国推進戦略会議資料による

Ⅶ "これから"の観光

　訪日外国人旅行者の数は平成30年(2018年)3119万人に達し、3000万人の大台を超えた。また低迷していた日本人の海外旅行者数も伸び始め、平成30年には1895万人と2000万人に近づいている。外国人客は滞在日数、消費額、観光行動範囲が邦人に比し著しく大きく、このような外国人客の急増等は日本の観光(市場)に構造変化をもたらしつつある。

　①日本の観光は今後、国際(経済)情勢の影響を大きく受けるとともに、観光をめぐる激しい国際競争にさらされることになる。即ち、国際観光市場への本格的参入と日本観光の国際化が急進しつつある。

　②観光客の経験変化が目立つ。既に外国人客は半分以上がリピーターとみられる(国の予測では2020年リピーター数2400万人)。邦人観光客も主要観光地ではほとんどが既にリピーターとみられる。

　即ち、日本の観光は国際化と観光客の経験変化によって新段階に入ったと言えよう。このための対応策として観光の①国際競争力強化と、②観光経験変化による観光資源の価値(効果)の逓減を防ぐため、観光資源の見直し、特に新観光地等、新観光資源の開発が必要である。さらに観光客の視点、手法を変えることによる資源の多角化(新しい魅力の発見)への提案とそのための情報発信が求められる。

Ⅶ "これから"の観光

日本人海外旅行者数及び訪日外国人旅行者数の推移

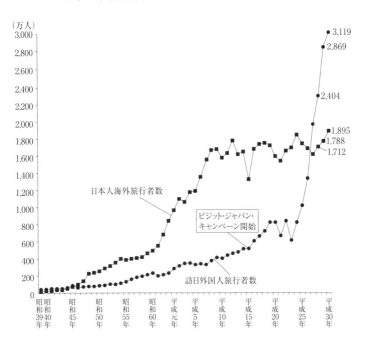

(注)日本観光振興協会の資料による

Ⅶ-1.「観光ビジョン実現プログラム2017」

 国は平成28年、「明日の日本を支える観光ビジョン」を策定、今後の観光推進政策の基本方針を明らかにした。それを受けて毎年度初に当該年度の具体的な推進行動計画をとりまとめ公表するとともに、公民連携してこの計画の実現を期することとなった。図はその平成29(2017)年版である。

 図のように前提条件の整備として当面、人材育成と地方との連携強化を掲げている。観光関係の人材が観光急伸に伴い不足がちで、特にマネジメント(観光経営)人材の育成が急務とされる。地方との公民連携については各地方に国が指導支援して公民参加による日本版DMOの設立と国への登録を進め、それらと連携して地方の観光の推進体制を整えることとなった。

 具体的な展開としては、

 ①公的施設(離宮、未公開文化財等)の公開、特に国立公園から8件を指定してナショナルパークのブランドのもとに、観光客が幅広く観光できるような施設整備が進められる。

 ②規制緩和については民泊の解禁(法律制定)による宿泊需給緩和のため民泊は登録制として一定の基準を設け、年間180日以内の営業を可能とする。

 ③受入体制整備では、通信環境改善、特にWi-Fi拠点の増設とネットワーク化、観光回廊ともいうべき観光地相互を結ぶ交通インフラの充実と、それを利用しやすくする案内システムの強化をめざす。

 このための財源措置として受益者負担による財源確保を念頭に「国際観光旅客税」等の導入を検討することとしている。

Ⅶ "これから"の観光

観光ビジョン実現プログラム2017

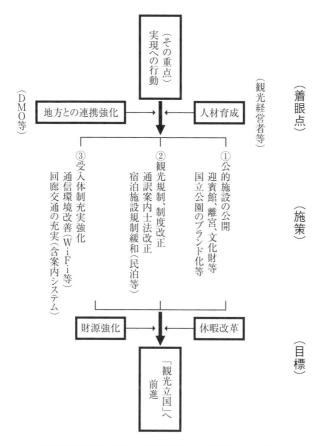

(注)政府の明日の日本を支える観光ビジョン「観光ビジョン実現プログラム2017」から作成

Ⅶ−2.「観光ビジョン実現プログラム2018」

　平成29年発出の「観光ビジョン実現プログラム2017」に続いて、国は30年4月、「観光ビジョン実現プログラム2018」を策定公表した。全文は500項目に及ぶ詳細な実行方針からなっている。ほとんどは当然のことながら「2017」の継続もしくは改善・前進をめざす内容であるが、約50の新規項目が注目される。「2018」では、まずこの1年、文化財等の観光への活用など、観光資源の幅を広げる諸施策には一定の効果があったと評価した。その上で、今後前進させるべき主な着眼点として「楽しい国日本」実現をめざし、さらなる資源の幅広い充実とみがきあげを指向し、今年も観光の受入環境の整備に特に注力するとしている。

　具体的な展開としては、
①観光資源のさらなる充実整備（ブラッシュアップ）をめざし、地方固有文化・自然からの新資源発掘、国立公園のブランド化、観光時間帯・観光対象地域の拡大をめざす。
②情報化時代にふさわしい観光の展開をはかる。即ち、観光情報の拡充と体系化、ニーズの高い安全・混雑（交通、宿泊）情報等の充実、さらには入出国手続きに新しい情報技術を導入して効率化、円滑化をめざす。
としている点に注目したい。この①、②への努力から観光にかかわる「日本ブランド」の強力な内外への発信が期待される。

　なお、これらの施策の基盤となる財源対策について新設の「国際観光旅客税」の重点的な活用にもふれ、大きい観光効果（文化・経済両面において）をめざす決意が表明されている点も「プログラム2018」の注目点といえよう。

Ⅶ "これから"の観光

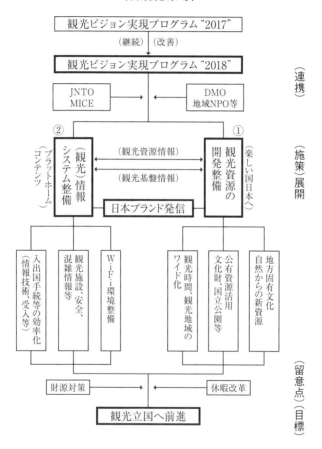

Ⅶ－3．「観光立国」実現への隘路打開のために

　外国人観光客の急増もあり日本の観光が活気づいてきた。しかし、ここへきて今後「観光立国」を実現する道程にいくつかの課題(「隘路」の予見ともいうべきか)が提起されてきた。

・**観光資源の魅力逓減**　外国人観光客の増に伴い、外国人客のなかでリピーター(繰返し訪日する人)が増えその半数を超えようとしている。また日本人も修学旅行や過去の観光ブーム経験者も多く、主な観光地にとってはリピーターとなり、その割合も増加している。リピーターにとっては各地の観光資源は再見になるものが多く、その効果は逓減していく。従ってリピーター誘致には観光資源開発と既存資源のみがきあげとともに、資源への視点や観光手法を変えて異なった角度から新しい魅力をそこから発見するような観光手法をたえず提案していかなければならない。

・**観光の経済効果**を地域へ吸収する機能をもつ観光産業は伝統産業、中小企業が多いこともあって、その役割を十分果たしきれなくなりつつあるところが多い。観光産業の近代化を進め高どまりする観光物価の引き下げ等、経済効果の受皿となり得る体制の強化が急務である。

・**安全な観光**についても不安が生じつつある。このほど東海大地震の予知が難しいことが公表された。また、近年の大震災は観光シーズン外で起こっているため、観光地では災害への危機感が共有されていない。このため各観光地で発災時の観光客(帰宅困難者)の避難誘導対策策定が不十分なところが多い。万一の場合、日本の観光の国際的信用を失墜し、事後の観光客の減少ないしキャンセルが続出するおそれがある。このような「課題」をすみやかに解決し、「隘路にしない」努力が求められている。

Ⅶ "これから"の観光

「観光立国」実現に向けた隘路打開への取組み

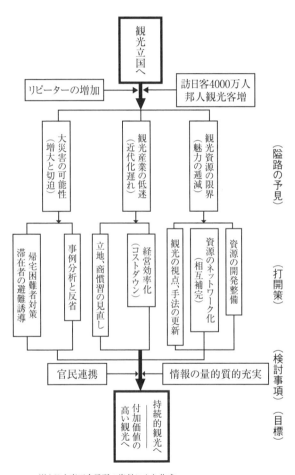

(注)日本商工会議所の資料により作成

Ⅶ－4．観光まちづくりのために──「観光立地域」
　　（日本商工会議所の提言から）

　日本商工会議所では平成22年"観光立地域"、即ち「観光による新しいまちづくりを進める」べきとの提言をとりまとめた。日商と全国515の商工会議所が連携してこの施策を推進し、地域経済、地域社会の再活性化をめざして努力していくこととなった。
①地域ごとに今後の観光施策の方針を策定するなど、推進体制を整備する。これと並行して相互に連携をとって将来のまちづくりビジョン(構想)を策定する。
②地域をあげて官民(業界)等の連携により「着地型」観光を推進する。

　着地型とは着(観光)地主導の観光を展開することをいう。即ち、観光地自らがそのまちにとって最もふさわしい観光資源の造成(みがきあげ)を行い、観光資源にかかわる情報発信(モデルコース策定、観光情報提供等)を観光地側から強力に行うことである。
③受入体制(観光インフラ、案内体制などハード・ソフトにわたる)を整備する。
④周辺ないしは相互交流しやすい他観光地との間に観光ネットワークを形成する。
⑤上記の施策を展開し観光ビジネスモデルを地域ごとに構築して持続的観光にするとともに、観光ネットワークを通して広域観光の中核となるよう努める。

　このような施策で観光客誘致実現によってその経済効果を地域に還元し、これを活用して、ハード・ソフトの受入体制整備等が進み、それが、即まちづくりにつながるよう、戦略的な施策展開を図るべきとしている。

Ⅶ "これから" の観光

「観光立地域」施策の方向とその展開図

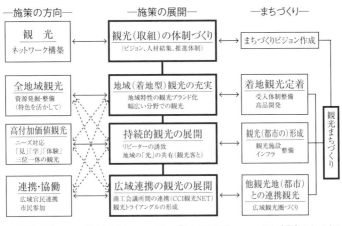

(注1) CCIネット＝商工会議所観光ネットワーク
(注2) 日本商工会議所資料により作成

Ⅶ－5．安全観光のために

「観光」にはたえず危険が伴う。観光地への往復の交通機関の利用、観光地での宿泊や諸施設の利用それぞれに危険が内在している。交通事故の防止、ホテル等の防災対策の徹底、食中毒防止、観光施設の安全点検等が強く求められている。近年、自家用車や観光バスの悲惨な事故や、ジェットコースター等の観光施設の故障等が頻発しているが、この種の事故災害は努力によって発生被害を０(ゼロ)もしくは最小限にとどめることができる。

問題は近年発生したような大震災等の大規模災害である。定住人口を大きく上回る観光客が訪れているシーズンの昼間に発災した場合、すべての交通機関の一時的杜絶が起こり得る。そこでは数十万人の観光客が帰宅困難者となるが、発災の後、それらの観光客の安全な収容場所があるのだろうか。また避難誘導、供食対策はどうか等の心配がある。全国515の商工会議所がその所在都市に聞き取り調査を行った結果は図の通りであった。特別に観光客への対策を考えているところは少なく、平均的旅行者(数)の滞在を念頭において考えている程度のものがほとんどであった。通信(情報)環境、情報伝達については対応しようとするところも多いが、肝心の観光客の避難誘導、供食対策(観光客への)を考えている所は少数にとどまった。近年の大震災が観光シーズンを外れていたため、観光地での危機感の浸透がまだ十分でないことを示している。

各地の災害例等を参考に、入込み観光客数にも配慮してこれらをシミュレートして、各自治体は観光客への対応策を確立する必要がある。観光客を誘致した以上、観光客の生命は守るという道義的責任が誘致側にもあることを忘れてはならない。

Ⅶ "これから"の観光

旅行者の安全確保に配慮した危機管理対応

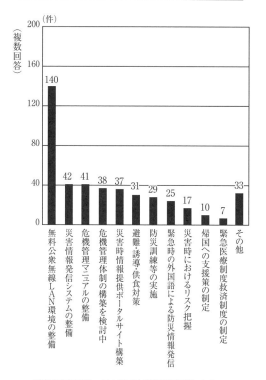

(注)平成29年7月、日本商工会議所調査資料による

[コラム]

"観光立国" さらなる前進をめざして
（日本商工会議所提言）

　日本商工会議所は、平成30年度の初めにあたって"観光立国"推進のための諸課題を分析、その打開策や今後の施策展開への方向を示す提言をとりまとめ、公表するとともに国等へも要望を行った。

　観光の特定地域への偏りをあらため①地域分散型の「汎日本（オールジャパン）観光」とすること、②観光資源の充実と活用を図るため観光手法の多様化等による「ワイドな観光」を展開することを提案している。そのために観光産業の経営近代化・効率化を図り、観光の経済効果を高める必要性と安全快適な観光をめざしての対策の緊急性を指摘し、関係箇所の協力体制、情報発信の充実強化を求めている。

（提言）観光立国のさらなる前進をめざして
～観光の地域分散・ワイド化を図り、新しいまちづくりを進めるために～

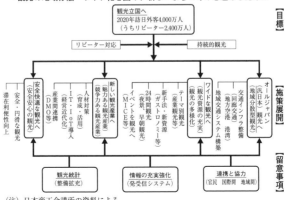

（注）日本商工会議所の資料による

"むすび"にかえて(1)――高度総合観光システム構築へ（観光のグランクラス化）

　国をあげての「観光立国」を旗印とする観光推進への努力の結果、円安等の追い風はあったものの、外国人訪日客は急増、当初目標の2000万人の大台を早期に突破した。また低迷していた邦人の国内観光も地域差はあるものの少しずつ回復のきざしをみせ、国内主要観光地は賑わいを取り戻しつつある。しかし外国人観光客の急増と、観光先の地域的な偏りもあって、日本の観光にやや「疲労現象」も見受けられるようになった。一部観光地の交通機関の異常混雑、大都市を中心に宿泊施設の需給逼迫等がそれである。またリピーター（再訪者）が増加しているが、これらの人々にとっては観光資源は既にふれたものが多く、何らかの新資源の開発、既存資源のみがきあげがない限り、観光への魅力が逓減していくのは避けられない。また観光産業の一部が経営近代化に立遅れていることもあって、折角の観光客増も相応の経済効果を地域で受止められず、この面からも観光の経済効果が逓減しつつあることは既述のとおりである。

　これまでの観光ないし観光推進への施策、施設、さらに観光資源の効果を再検証するとともに観光ニーズの動向を見極わめ、より長期的視野にたった新観光施策の確立とその展開が求められている。

　その方向として観光全般にわたる量質ともにより充実したワンランク上の満足度の高い観光、すなわち観光の総合的高度化をめざした以下のような「高度総合観光システム」（ネットワーク）の構築が必要である。

　即ち、観光客の高度、複雑化するニーズを先取りして、観光

客・観光地の両目線に立った「高い満足度」の得られる高次元観光の実現である。もちろん費用効果分析のうえに立って、この観光は多くの人にとって気軽に参加しやすい観光であることが必要である。しかし高負担（高価格）でも観光客がそこからより大きい、かつ真の満足（効果）が得られるならば、いわばな̇か̇み̇の充実した観光であるならば、対価が高くとも高付加価値観光としてそこに高度観光の新市場が開発されるはずである。これによってより高級感のある、いわば観光の「グランクラス」ともいうべき経済効果の大きい長期滞在（居住）型等の充実した観光を実現させたい。

　第二に、観光に対する幅広いニーズを満たす様々な観光産業－宿泊、供食、交通、物販、旅行業等々が「観光」という経済・文化行動をより高度なものとして成り立たせ、成功させ、地域経済のさらなる活性化を実現しなければならない。各観光事業それぞれの特性、特色をいかして相互に連携協働し、相互補完関係を構築することにより、最大の効果をより効果的に発揮できるよう「高度観光システム産業」を形成して、顧客の選択に応えるべきと考えられる。観光客に多くの選択肢を提供する「高度観光」はここからも実現する。

　第三に、観光基盤のなかでも特に重要な役割を果たす交通機関についてである。鉄道（新幹線、在来線）、道路（自動車、バス）、航空、海運等の各交通機関を整備するとともに、これまでの競争関係から脱皮し、相互に連携協働し、相互補完のうえに立って、その効果が最大限に発揮できるよう努めることが望まれる。すなわち、地域ごとに効率的な高度「観光総合交通システム」を形成することである。もちろん、このシステム構築の際には駐車場、交通結節点（ターミナル）整備も含まれる。この結果、パーク＆ライドなど新しい利用方法の実現、交通機関利用を観光資源化する

動きなど、観光への便益をさらに向上させるとともに新しい「高度観光市場」の実現が可能となる。

なお、観光はその性格上、季節波動、曜日波動が大きく、また特定地域に需要が偏る傾向がみられる。このため季節、曜日、地域によっては混雑等で十分な満足(効果)が得られない観光となりがちである。季節波動、曜日波動を平準化することによっても、観光をより満足度が高い「高付加価値観光」に高めることが可能となる。このためには休暇改革の徹底(有給休暇の取得率向上、休暇のあり方の全般にわたる抜本的改革)等が求められる。

また観光の地域偏在を是正することも「高度観光」実現につながる。このためには適時適切な観光情報の提供がその鍵を握ることになる。情報は「観光の血流」であり、その量的・質的の適正化は観光高度化のカギを握るといっても過言ではない。発展するIT技術も活用して高度観光情報システムを構築しなければならない。

情報の量的・質的充実により観光客が多くの情報のなかから観光の素材を求め、それぞれが自らに最適の、また最大の効果が期待できる"自らの高価値観光"を組み立て観光に赴くというところまで進むとき初めて「高度(高付加価値)観光」を実感できるのではなかろうか。

そして国民総参加、国民総満足の観光の実現が期待される。国際交流の21世紀にふさわしい「観光立国」はこれによって初めて達成できると考えられる。

高度総合観光システム構築へ（試案）

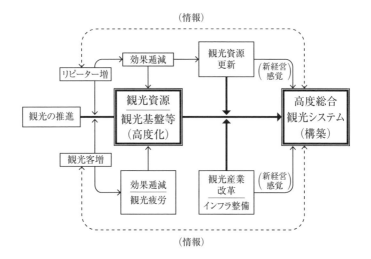

"むすび"にかえて(2)―観光国民運動の前進へ

　観光は、国や地方自治体など公的機関の努力だけではなかなかその成果は上がらない。また観光産業、観光団体等の努力だけでも不十分である。観光はその性格上、地域と地域住民の生活に密着しているものであり、また、その行動は人間の本能から発する人間のこころに根付いたものであるだけに、観光を発展させ、成功させるためにはまさに国(地域)をあげて国(住)民全員の参加と協働によって展開されなければ、その振興・発展は期しえないと考えられる。

　一方、21世紀は国際交流の世紀と言われるように、世界の観光は大きく発展するものとみられるが、その反面、観光への国際競争は次第に激しさを加えようとしている。このときにあたり、豊かな観光資源をもちながら地理的条件で国際交流の流れから、ともすれば取り残されがちな日本を、観光を通して国の発展を期する国際交流の拠点圏(国)とする必要がある。そして、国際広域交流によって国、地域ごとの経済較差を是正し、均衡のとれた、平和な、豊かな、また高い文化をもった国際社会づくりに貢献していかなければならないと思う。

　このような世界の人々が集う、真の「観光立国」実現のため、国をあげて国民総参加、総協働による観光を推進する「国民観光運動」の展開こそ急務であると考えられる。

(別図1) **連続休暇の取得時期（複数回答、％）**

	日本	ドイツ
1月	14.9（年始）	3.6
2月	2.1	0
3月	0	25.0（復活祭）
4月	6.4	3.6
5月	39.3（ゴールデンウィーク）	14.3
6月	6.4	14.3
7月	4.3	46.4（夏休み）
8月	46.8（盆前後）	32.1（〃）
9月	0	21.4（〃）
10月	8.5	7.1
11月	0	17.9
12月	17.0（年末）	35.7

(注)「休暇制度のあり方と経済社会への影響に関する調査研究委員会報告書」(国土交通省、経済産業省、(財)自由時間デザイン協会)

(別表１) 都道府県別の観光消費額(2015年(平成27年))

都道府県	観光消費額(億円)
北海道	9,723
青森県	1,724
岩手県	1,635
宮城県	3,017
秋田県	1,396
山形県	2,015
福島県	3,040
茨城県	2,695
栃木県	5,132
群馬県	2,950
埼玉県	4,747
千葉県	11,971
東京都	59,615
神奈川県※1	－
新潟県	3,781
富山県※1	－
石川県※1	－
福井県※1	－
山梨県	3,967
長野県	7,410
岐阜県	2,844
静岡県	8,927
愛知県※1	－
三重県	3,841
滋賀県	2,159
京都府※1	－
大阪府※2	
兵庫県	8,121
奈良県	1,470
和歌山県	1,171
鳥取県	985
島根県	1,117
岡山県	1,581
広島県※1	2,521
山口県	1,395
徳島県	1,080
香川県	1,895
愛媛県	1,254
高知県※1	－
福岡県※1	－
佐賀県	2,807
長崎県※1	－
熊本県	3,900
大分県	2,146
宮崎県	1,524
鹿児島県	2,837
沖縄県※1	－

資料：各都道府県「観光入込客数統計に関する共通基準に基づく観光入込客統計」に基づき観光庁作成
(注１)神奈川県、富山県、石川県、福井県、愛知県、京都府、広島県、高知県、福岡県、長崎県及び沖縄県は集計中。
(注２)大阪府は共通基準未導入。
(注３)数値は平成29年2月28日時点のものであり、日本人(観光目的・ビジネス目的)及び訪日外国人の合算で算出している。

(別表2)都道府県別の延べ宿泊者数・外国人延べ宿泊者数・宿泊施設の定員稼働率、客室稼働率(2016年(平成28年))

	延べ宿泊者数(万人泊)	外国人延べ宿泊者数(万人泊)	定員稼働率(%)	客室稼働率(%)
全国	49,418	7,088	39.6	60.0
北海道	3,448	692	43.6	62.0
青森県	463	16	32.5	51.3
岩手県	617	13	30.8	52.8
宮城県	1,001	20	40.5	60.6
秋田県	328	6	26.1	44.1
山形県	535	9	25.8	47.5
福島県	1,029	8	28.9	50.1
茨城県	567	22	34.0	52.4
栃木県	1,032	24	33.2	50.5
群馬県	873	22	33.0	51.2
埼玉県	445	17	46.5	65.8
千葉県	2,156	346	50.5	68.4
東京都	5,720	1,806	65.7	79.4
神奈川県	1,920	227	48.6	67.9
新潟県	1,012	26	24.4	40.9
富山県	328	20	28.2	50.5
石川県	854	62	41.9	64.2
福井県	376	5	25.3	41.0
山梨県	839	137	26.1	45.4
長野県	1,801	116	21.3	35.5
岐阜県	626	97	31.2	50.3
静岡県	2,111	158	33.9	54.4
愛知県	1,668	232	50.2	70.3
三重県	1,003	36	34.9	55.0
滋賀県	468	47	34.9	56.8
京都府	1,804	482	50.2	70.9
大阪府	3,142	1,026	74.0	84.1
兵庫県	1,380	108	35.9	57.7
奈良県	244	30	25.6	45.5
和歌山県	445	53	28.3	46.4
鳥取県	293	10	26.9	49.3
島根県	344	6	31.4	56.3
岡山県	528	28	34.7	56.7
広島県	942	85	44.2	65.6
山口県	436	9	38.5	57.3
徳島県	226	7	27.7	49.0
香川県	389	36	38.2	58.9
愛媛県	390	15	32.9	52.3
高知県	271	7	26.3	46.9
福岡県	1,612	267	52.2	70.9
佐賀県	292	25	37.1	57.9
長崎県	758	74	36.2	53.7
熊本県	723	51	34.7	58.0
大分県	678	85	36.1	52.5
宮崎県	361	25	34.1	51.3
鹿児島県	724	49	35.1	51.5
沖縄県	2,220	448	50.5	67.3

資料:観光庁「宿泊旅行統計調査」
(注1)「外国人」とは、日本国内に住所を有しない者をいう。
(注2)「外国人」には国・地域(出身地)不詳を含む。
(注3)定員稼働率とは、総客室定員数に対する宿泊者数の割合を計算したものであり、例えば、定員2名の客室に1名が宿泊した場合、定員稼働率は50%となる。
(注4)客室稼働率とは、総客室数に対する利用客室数の割合を計算したものであり、例えば、総客室数2室のうち1室を利用した場合、客室稼働率は50%となる。
(注5)本表において、延べ宿泊者数は外国人の延べ宿泊者数を含む。
(注6)2016年(平成28年)の数値は速報値。

(別図２)都道府県別外国人延べ宿泊者数(2016年(平成28年))

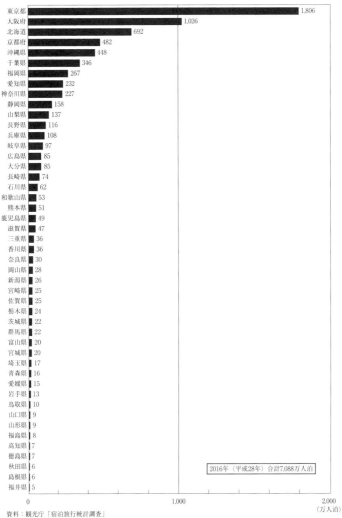

都道府県	万人泊
東京都	1,806
大阪府	1,026
北海道	692
京都府	482
沖縄県	448
千葉県	346
福岡県	267
愛知県	232
神奈川県	227
静岡県	158
山梨県	137
長野県	116
兵庫県	108
岐阜県	97
広島県	85
大分県	85
長崎県	74
石川県	62
和歌山県	53
熊本県	51
鹿児島県	49
滋賀県	47
三重県	36
香川県	36
奈良県	30
岡山県	28
新潟県	26
宮崎県	25
佐賀県	25
栃木県	24
茨城県	22
群馬県	22
富山県	20
宮城県	20
埼玉県	17
青森県	16
愛媛県	15
岩手県	13
鳥取県	10
山口県	9
山形県	9
福島県	8
高知県	7
徳島県	7
秋田県	6
島根県	6
福井県	5

2016年(平成28年) 合計7,088万人泊

(万人泊)

資料：観光庁「宿泊旅行統計調査」
(注１)「外国人」とは、日本国内に住所を有しない者をいう。
(注２)2016年(平成28年)の数値は速報値。

（別表３）平成29年の宿泊施設の客室稼働率（速報値）

施設所在地	客室稼働率	前年比増減（ポイント）	宿泊目的の割合別		従業者数別				宿泊施設タイプ						
			観光目的の宿泊者が50%以上	観光目的の宿泊者が50%未満	0～9人	10～29人	30～99人	100人以上	旅館	うち従業者数10人以上の旅館	リゾートホテル	ビジネスホテル	シティホテル	簡易宿所
全国	60.8	1.1	50.7	69.0	31.4	68.6	72.1	75.6	38.1	54.7	57.8	75.4	79.4	27.6
北海道	63.8	2.1	63.3	64.4	38.3	70.1	71.2	75.4	49.6	64.1	52.5	74.4	78.3	34.5
青森県	57.5	4.3	45.0	62.9	43.0	64.5	66.3	54.7	38.3	54.7	44.9	70.7	63.1	21.1
岩手県	52.0	-0.3	36.6	63.6	29.6	63.6	64.1	42.4	37.9	52.1	44.3	70.5	66.2	31.4
宮城県	57.9	-2.8	43.1	65.2	31.4	61.5	66.3	62.4	39.3	50.1	45.1	71.3	68.8	38.6
秋田県	47.8	0.9	34.9	56.0	16.4	54.2	59.3	73.2	35.5	46.2	37.7	66.1	70.5	11.9
山形県	49.2	0.9	35.6	60.1	26.1	54.1	65.8	71.5	37.8	51.2	29.5	67.6	65.7	8.9
福島県	47.1	-2.2	33.9	56.3	26.6	57.0	64.7	59.6	35.7	48.1	47.5	69.1	67.0	13.6
茨城県	54.0	1.4	33.5	60.3	24.2	62.3	71.2	64.5	26.8	43.1	49.7	66.2	69.7	10.9
栃木県	54.6	3.5	42.9	68.6	29.3	61.1	68.6	70.4	40.7	55.3	54.2	75.3	66.1	16.8
群馬県	51.3	0.3	41.9	66.2	29.0	60.9	66.9	67.1	44.6	60.2	45.1	73.0	62.9	14.9
埼玉県	65.7	0.0	33.2	72.3	30.0	72.5	71.2	73.8	38.3	52.4	33.1	74.4	78.2	22.3
千葉県	68.2	1.2	67.3	69.4	20.6	71.1	74.5	83.7	30.7	50.9	83.5	74.0	80.4	21.2
東京都	80.1	1.3	77.1	81.4	55.0	80.9	86.0	83.1	57.2	79.3	72.6	84.8	82.9	50.6
神奈川県	66.4	-1.4	61.4	69.7	35.9	72.5	77.5	83.1	42.3	65.5	70.4	77.5	83.2	43.2
新潟県	43.1	2.1	25.9	59.7	23.5	60.6	59.0	50.1	26.1	47.0	29.4	67.2	64.3	26.9
富山県	51.9	1.0	36.0	61.3	34.5	59.3	59.1	69.3	32.4	43.3	49.9	66.0	68.1	13.4
石川県	63.7	0.0	60.8	66.6	44.1	69.9	70.3	71.8	51.2	58.4	55.6	73.2	79.5	22.7
福井県	41.1	0.7	28.8	52.6	13.6	59.7	67.7	56.7	27.5	49.4	35.0	74.0	58.7	9.2
山梨県	42.2	-2.4	37.7	58.5	18.4	58.4	66.0	64.2	37.7	60.5	43.0	72.7	64.5	16.3
長野県	37.8	2.5	28.3	61.5	18.0	52.0	61.5	58.5	26.8	47.6	39.8	71.4	75.5	12.7
岐阜県	50.0	0.1	45.4	59.4	22.1	60.4	63.0	69.6	39.8	59.0	56.1	69.8	71.6	15.5
静岡県	54.9	0.3	46.3	64.4	27.2	64.4	66.8	65.7	45.4	63.8	56.5	72.0	74.3	15.9
愛知県	71.5	1.3	53.3	76.1	42.7	77.4	76.2	78.2	30.7	46.8	55.7	79.0	75.5	53.2
三重県	51.1	-2.9	41.5	59.4	25.1	61.6	68.7	55.8	35.6	53.8	51.7	64.5	74.2	12.6
滋賀県	55.2	-2.4	48.5	62.8	26.7	60.3	61.8	75.2	44.7	58.4	59.3	66.6	73.6	19.0
京都府	67.7	0.4	68.6	66.8	28.5	73.2	78.9	82.7	43.4	56.8	52.5	84.0	81.2	37.6
大阪府	83.1	-0.2	79.9	85.2	58.9	83.7	85.4	88.4	58.1	63.6	90.6	85.1	89.3	59.4
兵庫県	57.5	0.0	44.8	69.2	30.2	67.2	68.0	72.3	40.8	58.4	57.5	75.7	76.7	12.5
奈良県	49.0	3.1	49.5	47.5	35.5	49.5	64.3	65.6	33.5	44.4	60.2	65.4	71.0	21.8
和歌山県	45.3	-1.6	38.3	61.7	20.7	59.1	61.9	54.8	33.0	47.1	56.4	68.9	70.1	22.0
鳥取県	51.5	0.5	35.0	69.4	33.0	64.2	62.4	68.6	35.3	49.4	55.3	70.9	75.3	20.0
島根県	57.5	0.5	40.9	66.3	31.7	68.8	74.3	75.6	45.7	58.2	41.1	73.3	73.7	16.3
岡山県	57.8	0.2	30.9	70.6	26.4	72.7	70.4	72.3	30.3	49.9	22.3	77.2	68.7	29.0
広島県	65.9	0.3	45.4	72.8	37.0	71.7	67.8	81.7	39.6	48.9	45.4	76.7	84.8	36.1
山口県	55.4	-2.0	47.1	59.2	39.1	60.8	64.5	66.7	43.3	56.2	46.3	63.5	63.4	31.9
徳島県	48.9	-1.3	31.5	62.9	25.7	66.1	62.2	60.0	25.4	42.3	55.8	69.6	60.4	16.8
香川県	57.8	-1.3	44.3	66.4	29.9	65.4	65.9	72.8	30.0	57.7	62.8	71.6	64.1	30.1
愛媛県	55.5	3.1	38.5	64.1	29.5	64.6	75.3	73.6	38.8	62.7	75.5	69.9	74.9	15.1
高知県	47.2	-0.2	34.1	58.9	19.0	63.0	60.6	73.3	33.2	49.3	48.9	68.5	76.0	11.1
福岡県	72.7	1.9	58.1	76.4	54.1	78.1	77.4	75.9	30.6	39.2	61.2	78.8	83.8	34.0
佐賀県	62.0	5.7	48.9	69.4	46.5	60.9	73.5	66.0	47.5	53.6	61.5	75.6	68.0	16.9
長崎県	57.5	5.2	46.4	65.4	41.9	66.5	68.1	64.6	38.1	51.2	58.7	73.4	71.1	18.0
熊本県	61.7	3.7	44.3	72.1	35.7	68.6	75.0	63.3	44.4	53.8	52.0	76.3	77.9	26.6
大分県	56.2	3.6	48.6	65.1	26.7	63.1	68.5	79.2	48.6	55.1	65.7	70.9	66.0	10.1
宮崎県	53.0	1.2	36.6	60.7	37.6	63.8	65.8	42.0	38.4	46.7	42.6	64.0	54.9	13.7
鹿児島県	54.9	5.0	43.2	61.5	34.2	68.1	67.3	61.2	43.2	55.4	43.9	70.2	68.3	19.8
沖縄県	66.1	1.1	66.5	64.6	38.1	75.3	76.3	79.9	33.5	-	75.2	78.1	80.0	31.9

（注１）宿泊目的の割合不評含む
（注２）観光庁資料による

(別表４) 都道府県別Wi-Fi整備意向数及び整備済み数(詳細)

都道府県	実施率(％)	整備済み 防災拠点(①)	整備済み 被災場所として想定される公的拠点(②)	整備済み 合計(①+②)	整備意向 防災拠点(③)	整備意向 被災場所として想定される公的拠点(④)	整備意向 合計(③+④)	合計(①+②+③+④)
北海道	79.1	1,086	224	1,310	316	31	347	1,657
青森県	44.1	136	56	192	224	19	243	435
岩手県	67.9	288	85	373	168	8	176	549
宮城県	75.0	396	88	484	151	10	161	645
秋田県	64.1	293	58	351	190	7	197	548
山形県	62.4	198	68	266	150	10	160	426
福島県	56.6	448	125	573	420	20	440	1,013
茨城県	43.9	370	46	416	503	29	532	948
栃木県	68.5	362	67	429	187	10	197	626
群馬県	65.1	251	73	324	160	14	174	498
埼玉県	46.0	554	35	589	662	29	691	1,280
千葉県	37.4	594	96	690	1,084	72	1,156	1,846
東京都	81.2	2,255	157	2,412	494	63	557	2,969
神奈川県	72.1	621	68	689	238	28	266	955
新潟県	57.4	266	42	308	201	28	229	537
富山県	60.8	158	68	226	139	7	146	372
石川県	62.5	334	161	495	279	18	297	792
福井県	80.7	317	80	397	87	8	95	492
山梨県	59.3	235	116	351	216	25	241	592
長野県	64.8	228	61	289	139	18	157	446
岐阜県	80.8	480	117	597	131	11	142	739
静岡県	65.7	227	96	323	156	13	169	492
愛知県	79.7	593	91	684	169	5	174	858
三重県	72.4	109	51	160	56	5	61	221
滋賀県	36.3	168	84	252	419	24	443	695
京都府	91.5	375	87	462	43	0	43	505
大阪府	67.4	485	59	544	261	2	263	807
兵庫県	61.3	415	110	525	323	9	332	857
奈良県	51.9	219	84	303	228	53	281	584
和歌山県	56.7	196	83	279	204	9	213	492
鳥取県	71.8	203	24	227	77	12	89	316
島根県	78.5	315	98	413	69	44	113	526
岡山県	53.7	301	72	373	307	15	322	695
広島県	46.3	233	55	288	330	4	334	622
山口県	72.5	178	78	256	85	12	97	353
徳島県	91.9	333	52	385	32	2	34	419
香川県	71.8	91	36	127	47	3	50	177
愛媛県	83.0	700	65	765	146	11	157	922
高知県	28.1	97	35	132	322	16	338	470
福岡県	82.1	723	98	821	158	21	179	1,000
佐賀県	73.0	148	52	200	74	0	74	274
長崎県	62.5	153	100	253	145	7	152	405
熊本県	55.3	239	70	309	227	23	250	559
大分県	45.7	61	88	149	168	9	177	326
宮崎県	64.4	149	55	204	107	6	113	317
鹿児島県	64.0	399	102	501	252	30	282	783
沖縄県	42.1	218	66	284	373	18	391	675
合計	64.1	17,198	3,782	20,980	10,917	818	11,735	32,715

(注１)平成29年10月現在
(注２)平成29年度に整備予定の箇所は「整備済み」として計上
(注３)実施率＝整備済み数／(整備済み数＋整備意向数)
(注４)総務省資料による

あとがき

　観光の図解というむずかしい本の上梓に苦労しつつ何とかまとめることができたのは、ともに観光に従事してきた多くの先輩各位と同僚の皆様方のご指導、ご支援のおかげと感謝申し上げる。

　特に下記の方々には資料の収集、編集等について格段のご指導、ご協力をいただいた。改めて厚くお礼申し上げたい。

　　日本観光振興協会；丁野朗さん、森岡順子さん、西村哲治さん、太田芳美さん
　　日本商工会議所；五十嵐克也さん、進藤圭輔さん
　　東海旅客鉄道(株)；福井将大さん
　　元中部広域観光推進協議会；立松信孝さん
　　交通新聞クリエイト(株)；林房雄さん、編集スタッフの皆さん方

須田　寛（すだ・ひろし）

昭和6年生まれ。29年3月京都大学法学部卒。同年4月日本国有鉄道入社、昭和62年4月東海旅客鉄道（株）代表取締役社長、平成7年6月同代表取締役会長、平成16年6月相談役。
(公社)日本観光振興協会全国産業観光推進協議会副会長を務めるほか、日本商工会議所、名古屋商工会議所などで観光関係の活動に携わってきた。
主な著書に、「産業観光」「街道観光」「都市観光」「昭和の鉄道」「東海道新幹線50年」（いずれも交通新聞社）、「東海道新幹線Ⅱ」（JTB）、「新・産業観光論」（共著・すばる舎）などがある。

図でみる観光

発行日	2018年5月10日初版発行
	2019年3月28日初版第3刷発行
著者	須田　寛
発行人	横山裕司
発行所	株式会社交通新聞社

〒101-0062　東京都千代田区神田駿河台2-3-11　NBF御茶ノ水ビル
電話　（販売）03-6831-6622
　　　（編集）03-6831-6560
印刷　凸版印刷㈱

Ⓒ 2018 Hiroshi Suda　　　　　　　　　　　　　　Printed in Japan
ISBN978-4-330-88018-1　C0065 ¥1500E